DAS OSTJÜDISCHE ANTLITZ

DAS OSTJÜDISCHE ANTLITZ

von

ARNOLD ZWEIG

zu

ZWEIUNDFÜNFZIG ZEICHNUNGEN

von

HERMANN STRUCK

FOURIER VERLAG, WIESBADEN

© 1920 by Welt-Verlag, Berlin
© 1988 by Aufbau Verlag, Berlin + Weimar
© 1988 für diese Ausgabe
by Weiss Verlag GmbH, Dreieich
Lizenzausgabe für
Fourier Verlag GmbH, Wiesbaden 1988
Umschlag: Gudrun Kiender
Druck- und Bindearbeiten: Franz Spiegel Buch GmbH, Ulm
Printed in Germany

ISBN: 3-925037-23-3

Es scheint nicht unangebracht, darauf hinzuweisen, daß Hermann Struck dem Verfasser des Textes bei gewisser Übereinstimmung der Gesinnungen volle Freiheit lassen mußte und daher für bestimmte Meinungen und Betonungen nicht verantwortlich sein kann. Dies aussprechend, widme ich dieses Buch

MEINEN ELTERN.

Arnold Zweig.

VORREDE ZUR ERSTEN AUFLAGE

Dieses Buch spricht über die Ostjuden als jemand, der sie zu sehen versuchte. In den Tagen, da der Plan zu ihm entstand, vor einem Jahre und in einer litauisch-jüdischen Stadt, durfte man vieles über das Schicksal dieser unserer Brüder erwarten, und nichts Leichtes. Denn damals schien es, als werde die judenfeindliche Hand einer preußischen Junker- und Händlervormundschaft über dem nahen Osten als schattende Wolke schweben bleiben. Wir dachten schon, dies sei sehr schlimm.

Was aber gekommen ist: die Herrschaft des Raubs, der Peitschen und Kolben, der Hinrichtungen und Morde, der spurlos Verschwundenen und in Zuchthäusern Verkommenden — die Herrschaft der Polen ahnten wir nicht.

Wir sprachen mit unseren Brüdern und Schwestern, noch im Rocke des deutschen Soldaten. Sie sagten: „Euer System ist ekelhaft. Ihr reglementiert und schikaniert nach Kräften, ihr schlagt unschuldige Menschen bei Vernehmungen, ihr beschlagnahmt und stehlt, und ihr empört uns durch eure Verachtung. Eure Zwangsarbeitsbataillone sind eine gute Art Sibirien mitten im Lande; eure Verordnungen gehen darauf aus, unsere Schwachen Hungers und an Seuchen sterben zu lassen, die früher hier nicht waren. Es war unter dem Zaren besser als unter euch, und wenn nur die Russen wiederkämen! — Dennoch werden wir mit dem Litauer und Weißrussen auskommen, und sogar mit euch. Nur überlaßt uns nicht den Polen. Denn dann sind wir allesamt des Todes."

Polen und Progrom ist über das Ostjudenvolk hereingebrochen, das in große Städte gehäuft wohnt, und das über Dörfer und Städtchen verstreut ist. Aus großen Städten kommen erschütternde Nachrichten, aber die Dörfer und Städtchen, ohne Eisenbahn, ohne Telegraphen, bleiben lange stumm. Langsam hört man, was dort geschieht: Mord oder Metzelung.

Ich glaube kein Wort von allen Ableugnungen, die vom regierenden Polen verfaßt, verbreitet oder eingeträufelt werden. Man braucht nur zwei Monate in Litauen gewesen zu sein, um mit Notwendigkeit so denken zu müssen.

Die Juden des Ostens wollen auf ihre jüdische Art leben, in eignem Kulturkreis, eigenem Glauben und mit eigenen Sprachen. Das Jidisch ist eine Sprache für sich wie Holländisch und Englisch — was auch polnische Assimilanten denunzierend lügen mögen.

Ich weiß, daß es vornehm denkende Polen gibt. Nur leider machen sie unsere Brüder nicht lebendig.

Wir rechnen diese Morde und Qualen dem Volk der Polen zu, auf daß die Besseren schamrot werden mögen, wo sie einen Juden sehen. Denn es kommt nicht darauf an, besser zu sein, sondern Einhalt zu tun. Dazu sind sie zu wenig und zu schwach.

Wir sagen hier und heute, was auch Europa und Amerika schon heute sagen könnten, wenn ihnen nicht die irre Angst vor jedem Sozialismus im Nacken säße: die ermordeten Juden, soweit sie Sozialisten waren, sind nicht um des „Bolschewismus" willen ermordet worden.

Den vergeblichen Kampf gegen den Sozialismus füglich im eigenen Hause zu beginnen und mit überzeugenden Lehren und bessernden Taten zu führen — heißt das zu viel verlangt? Heute vielleicht, wo Europa vom Blutgeruch und Beutegeilheit toll auf der Fährte hinprescht, die zum Untergang und zur Zeitwende führt.

Darum sagen wir den Polen voraus, daß das polnische Volk selbst unsere Brüder rächen wird: durch polnischen Sozialismus.

Möge Israel der Taten Polens gedenken als den Taten des Amalek, dem heute noch nicht vergeben ist seit dreitausend Jahren, wie es nach unzähligem Mord und Unheil von Seuche, Krieg und Hunger den Mord des Völkerhasses, den feigen Mord des Bewaffneten am Wehrlosen, über unsere Brüder brachte.

Freilich, wir vermochten nicht, euch zu Hilfe zu eilen. Und jedes Wort, das wir für euch sprechen, wird für Lüge und deutsche Politik erachtet bei denen, die helfen könnten.

Ihr starbt an einer feigen, mörderischen und gewinngierigen Zeit Europas. Was hilft es uns allen, daß spätere Geschlechter sich um eurer ermordeten Seelen willen schämen werden? Es ist alles ganz eitel.

Immerhin: eines Menschen Zeugnis vergeht nicht. So legen wir Zeugnis ab für euch und überlassen den Wissenden zu fühlen, wo nur einer von uns spricht und wo wir beide.

Möge der Blutgeschmack auf der Zunge des menschenfressenden Stiers Europa bald verschwinden.

„Meinst du, daß ich Gefallen habe am Tode des Gottlosen, spricht der Herr, Herr, und nicht vielmehr, daß er sich bekehre von seinem Wesen und lebe?"

Sommer 1919
Im Monat Ab 5679

Hermann Struck   Arnold Zweig

VORREDE ZUR ZWEITEN AUFLAGE

Ein Buch, geflossen aus einer Leidenschaft und einem Vorsatz, zu einer ungünstigen Zeit der Seele dennoch durchgesetzt und beendet — dies Buch hier mußte sich wahrscheinlich von mir schneller entfernen als vorauszusehen. Das Was des Sagens wie sein Wie stimmten, als ich es jetzt wieder durchlas, mit mir von Heute nicht mehr überein. Weil ich das erste nicht verändern konnte, da nicht objektive Gründe sondern eher eine allgemeine nüchternere Lebensstimmung sich dagegen geltend machte, habe ich nur das zweite einer, dem Pathetisch-Feierlichen abgeneigteren Haltung im Ausdruck angepaßt — vorsichtig und unter Respektierung des individuellen, von mir ja losgelösten Buches. Nur Philologie könnte die Neuerungen feststellen — und hoffentlich das Ohr des guten Lesers. Diese Auflage hat vor der ersten eines voraus: die Kongruenz von Text und Bild. Sie drückt damit die Absicht unserer Zusammenarbeit reiner aus als jene, und erhält dadurch — meiner Meinung nach zum mindesten — vor ihr einen großen Vorsprung.

Daß hier, in diesem apologetischen und einem Gegenstande der Völkerwelt zugekehrten Werke, auch das erste vorläufige Dokument einer menschlichen Verwandlung des Verfassers vorliegt, sei an dieser Stelle nicht verschwiegen. Er ist kein Lyriker; auch die persönlichsten Angelegenheiten müssen sich dem Epiker und Dramatiker an objektiven Welten ergeben.

Und nun noch ein Wort zur Vorrede: Polen hat sich längst als ein Kulturland herausgestellt; seitdem nämlich Ungarn und Ukraine in grauenhaften Pogromen den Bodensatz militaristischer Niedertracht ans Tageslicht gekehrt haben.

Über die Taten, die dort an Juden geschehen, kann kein Wort gesagt werden. Sie waschen Polen nicht rein, aber man neigt dazu, auf die Morde und Verbrechen in jenem immerhin doch regierten Lande nicht mehr zu achten. Ungarn und Ukraine haben bewiesen, daß ihre Helden weit energischer, erfindungsreicher, weiser und breiter gegen das Leben unbewaffneter Juden vorzugehen wußten als die polnischen, doch auch keine Stümper immerhin.

Europa aber, mit Ausbeutung der Besiegten von Versailles beschäftigt, durfte sich darum nicht kümmern: mit der glorreichen und einzigen Ausnahme englischer Sozialisten, deren Colonel Wedgewood hinging, sah und schonungslos im englischen Unterhaus von all den Greueln sagte — im Auftrage seiner Partei, die heute menschlich in der vordersten Reihe des wahren europäischen Geistes ficht.

Heute aber ist es schon Mannestugend und große innere Freiheit, wenn man sich nicht am allgemeinen Schweigen beteiligt: sondern redet.

Starnberg, Frühling 1922.

A. Z.

I.

Er wendet sein Auge von mir fort in eine Ferne, die nichts sonst ist als Zeit. Sein Profil gleitet wie ein fallendes Wasser in den Bart, der sich in Gischt und Wolke löst. Das Adlige seiner Jochbögen und der Nase, das Geistige der zerdachten und gebeulten Stirn stößt sich vom harten trotzigen Ohre ab und lagert um diesen Blick, der weder fordert noch verzichtet, sich nicht sehnt und nicht klagt, der ist, und eine Ferne an sich saugt, von der wir wissen, daß sie nichts ist denn Zeit.

Ist dies der Jude des Ostens? Ist er ein Greis, der aus aller Gegenwart schon fast und sicher aus aller Zukunft herausgeschnitten, ein Leben lebt, das im Gepreßten und Engsten bedingt ist, und das zerstiebt, wenn der Druck wegfällt, der es in eine Form zwang? Wir wissen, daß unsere Vorväter die Genossen der Männer waren, die wir heute in den Städten Litauens, Polens und Galiziens finden; nein, daß diese in den Hügellanden Frankens und den deutschen Ebenen lebten wie wir. Heute nun sprechen wir verschiedene Sprachen, denken andere Gedanken, leben ein anderes Judentum, essen andere Speisen, messen mit anderen Maßen und haben ein Teil unserer Seele von Europa eingetauscht, unseres Jüdischen einen Teil dafür gebend. Nicht ganz fünf Generationen hat es an uns geformt, das europäische Schicksal und seine Freiheit, seine neue Luft, seine herrlichen und künstlerischen Werte, sein verschmelzender und enteignender Atem: und schon bedurfte es der alleräußersten Not, um uns zur Besinnung zu rufen, Not des Herzens, Not des Gedächtnisses und Not des Antlitzes: Denn aus dem strengen, verzichtenden und vorwärtsgewandten Antlitz des Juden, des Zeugen von der Ohnmacht der Zeit und von der Unzerstörbarkeit der vom Willen erkorenen nationalen Substanz, hatte sie die schwammige, zerfließende und nivellierte Fratze des Händlers einer nordischen Levante gemacht, bestimmt dazu, im Brei einer ewigen „Jetztzeit" aller Großstädte zu verschwinden. Der Jude des Westens war auf dem Wege zu einer erstarrenden Konfession, einer ohnmächtig verzweifelten Frömmigkeit, die sich abschloß, die nichts weiter zu tun vermochte als sich verzweifelt abzuschließen und in dem wahnsinnigen Atheismus einer exaltierten und vollkommen falsch angewandten Naturwissenschaftlichkeit von Tag zu Tag kleiner zu werden, abzubröckeln, immer schneller abzunehmen, vor Augen den sicheren Verlust und gleichsam ohne Hände und Abwehr dem Unheil preisgegeben. Die Jugend ging erst heimlich, dann offen, erst zögernd, dann trotzig, frech und schließlich in mitleidiger Selbstverständlichkeit den Weg nach Europa, welches der Name einer genußvollen, arbeitenden und jedenfalls modernen Großstadt ist, den lokkenden, rosenbestandenen, lichten Weg des Untergangs im Mischmasch.

Der greise Jude des Ostens aber wahrte sein Gesicht. Es sieht uns aus den Erzählungen M e n d e l e s an, dies Gesicht: treuherzig und verträumt und von einer Reinheit, die sich nur erkauft mit Verzicht auf die breiten Tätigkeiten und das Glück der breiten Tätigkeit. Einen Kleinhandel einzurichten, Brot und Hering zu essen, Kinder zu zeugen und zu erziehen, die Gebete der Tages- und Mahlzeiten zu sprechen und viele Seiten Gemara zu lernen; von dem Wenigen ein Weniges den Armen zu geben, Bräute auszustatten, Kranke zu besuchen, Tote zu begraben und die Trauernden zu trösten — das ist das Schema

14

seiner Pflichtenkette, und wie leicht trägt er an ihr. Soweit er jungen und heiteren Herzens ist, nicht gelähmt von der Jagd nach Verdienen, die ja erst möglich wird durch eine dem Gelde als oberstem Werte zugewandte geistige Drehung — und diese Drehung weigert er sich zu vollziehen —, soweit er ein junges und heiteres Herz hat, Herz des ewigen Schülers, der um die Unvollkommenheit der Erkenntnis weiß und um das hohe stille Glück der Verehrung großer Lehrer, quillt aus ihm noch das Glück der Pflicht und ihr natürlicher Sinn. Die klaren stillen Augen und der Mund, der seine große Güte verschämt und weich hinter dem Barte birgt, sagen aus, daß hier noch die Ursprünglichkeit und Helligkeit aller Verpflichtung wacht. Nicht das mit genauer Wage Abgezwungene ist hier die Pflicht, nicht jenes schamlos der Gemeinschaft zugebilligte Mindestmaß von Leistung, das dem Leben des Westens seinen öden, kargen und nach Widerwillen schmeckenden Pflichtbegriff geschaffen hat, so daß es sinnvoll wurde zu sagen: tue mehr als deine Pflicht wenn etwas Gutes erreicht werden soll — ihm ist Pflicht „die Forderung des Tages“, und ihre Erfüllung quillt so naiv und ungebrochen aus dem ganzen Grundsinn seines Herzens, daß er vor jenem Worte „mehr als deine Pflicht“ ebenso verständnislos stehen würde wie vor jenem Ächzen unter der Pflicht, das diesem Worte sein Schwitzendes und Häßliches verlieh. Er lebt sein Tun mit der Selbstverständlichkeit eines kindlichen Menschen, und das Schild der Mütze, die selten von seinen Haaren weicht, ist nicht gewohnter in seiner Hand, als ihm sein Tun gewohnt, unreflektiert und bis zum Lachen geläufig ist.

Denn die Heiterkeit des Juden ist stets wach und nichts ist liebenswürdiger als sie. Wenn erst Alter und Leben seinen Schädel kahl gemacht, in seine Stirne Runzeln gefressen, die Falten unter seinen Augen tief gekerbt und seine Wangen ausgekehlt haben wie die eines Schnitzbildes — just dann liegt in

dem Winkel des gepreßten Mundes, an der Nase und um das Auge eine Schelmerei, die siegt. Sie siegt — worüber? Über die Furcht? Aber nichts ist dem Ostjuden ferner als das beständige Gefühl bedroht zu sein, um sein Heil bangen oder bestenfalls kämpfen zu müssen. Der Gott, vor dessen Auge er beständig lebt, ist ein Vater, und sein Wissen um die gebrechliche Seele des Menschen ist ebenso groß wie seine warme, von väterlichem Herzen herströmende Gerechtigkeit und Liebe. Von diesem nahen Gott geliebt zu sein, auf eine harte und männliche Art, mit all seinem Tun unverbergbar vor ihm zu stehen und sich tief vertrauend in seine Strafe wie in seine Güte zu schmiegen, das ist die Art des östlichen Juden vor seinem Gotte. Niemand kann unbefangener vor seinen Herrn treten als der Jude, der das Haus des Ewigen betritt, diese kleine von Mauern umstandene Fläche Erde, mit Steinen belegt und bescheidentlich geschmückt. Es ist keine Spur von Andacht in dem Raume; keine Schauer der Ewigkeit und des Gerichts erfüllen ihn, keine sehnsüchtige Wölbung reißt ihn dem Himmel nah, keine Krypta drückt ihm das Joch seiner Nichtigkeit auf den Nacken, kein Wald von Säulen gemahnt ihn, daß er sich im Walde der irdischen Vorspiegelungen verirrt habe und daß erst, wie ein besonntes, morgenrotes Tal voller Lerchenlaut und sabbatlicher Frühluft das wahre Leben, das Leben jener Welt, vor ihm liegen werde, wenn er sich aus dem irdisch drohenden Dämmern dieses steinernen Waldes herausgefunden habe. Nein, hier ist keine Furcht Gottes, kein heiliger Boden; ein Haus für Menschen ist das — und Andacht, Schauer, Sehnsucht und Gewicht der Nichtigkeit sind allein im Gebet, das zuzeiten den Raum schwingen macht im Pendelschlag der ein- und ausatmenden Seele. Worüber also siegt diese Schelmerei? Über das Joch des menschlichen Lebens. Es ist dem Juden härter auferlegt als kaum einem Volke oder einer Klasse der

Erde. Denn nicht hilft ihm das Klima eines indischen oder chinesischen Sommers den Sorgen nach Wohnung auszuweichen, wenn seine Lebenshaltung auch sonst der Hand voll Reis nahekommt, mit der der Kuli oder Parja seine Kräfte erneuern muß, noch kann er sich allgemein in jene geistige Leichenstarre retten, die dem europäischen Arbeiter aller schweren Epochen den Horizont der geistigen Werte verstellt und ihn zwingt, in seinen Kindern nichts als die Fortsetzung seines eigenen proletarisch geknechteten Frondaseins zu sehen. Ja selbst die Wohltat, sich als kämpfendes Glied einer über die Erde ausgestreuten, zu menschlicheren Formen des Lebens schrittweis vordringenden Kaste oder Klasse empfinden zu können, geht ihm in der breitesten Weise ab, weil er in ein unsäglich armes, aber kleinbürgerliches, nicht proletarisches Lebensideal hineingeboren ist. Ganz auf sich gestellt, in einer Umwelt deren reibungsvolle Enge nur an den Fischkästen großer Speisehäuser veranschaulicht werden mag, wo zwischen engen Glaswänden so viele Fische eingepfercht sind, daß sie nur gerade noch vom Wasser, dem belebenden und unumgänglichen Element, umspült sind, sonst aber, Fisch an Fisch gepreßt, gegen die durchsichtige unnachgiebige Schranke gedrückt, mit dem Maule an der Oberfläche des Kastens hängen oder am sandigen Grunde festhaften — nicht anders drängt sich der Jude in den kleinen und größeren Städten des Ostens zusammen, einer vom andern wenig unterschieden, kleiner Händler, Handwerker, gelernter oder gelegentlicher Arbeiter, Fuhrmann, Träger, Bote, Makler — alle einander gleich im Ideal des eigenen Hauswesens, sich mit Frau und Kindern im Besitze einer Küche zu sehen, deren Herd ihm die Würde des Baal habajith, des „Balbos", des Hausherrn gibt. Der Kampf ums Dasein, der geführt werden muß um Kopekenwerte, um Pfennigwerte, zeitigte hier nicht die geschlossene Kampffront

2*

19

einer Gewerkschaft, weil es eben nicht proletarische Arbeiter
waren, die ihn führen mußten, sondern Kleinbürger, die jeder
den andern beengend und zugleich voneinander lebend, in
ihrem individualistischen Ideal derjenige Menschenkreis sind,
der am schwersten zusammenfaßbar, fast unmöglich zu orga-
nisieren ist. Jeder dem andern ähnlich, aber doch durch die
Nuance von allen anderen verschieden, betont jeder mit
Strenge seine Nuance — es sind Juden! und opfert starrköpfig
die Möglichkeit, durch gemeinsames Handeln in eine bessere
Lage zu steigen, weil jeder in dem Zugeständnis, das er
machen soll, die unaufgebliche Eigenheit seiner Person sieht.
Aus dem Visier des Mützenschildes und dem Panzer des aufgestellten Kragens, den enthüllenden Mund vom Barte gedeckt, läßt er, der erfahrene und geprüfte Sohn eines
lange lebenden Volkes, nur das sachlich blickende Auge
und die witternde Nase sehen, dem gejagten und weisen
Dachse gleich, der sein Malepartus mit sich herumträgt;
und so, reserviert, gehalten, nicht argwöhnisch oder mißtrauisch aber doch ohne die Blöße des allzuoft verfrühten
Enthusiasmus, geht er dem Leben entgegen, dessen Härte er
genau kennt. Es ist der Wirklichkeitssinn eines Langelebenden,
der in ihm verkörpert zu sein scheint, eines Sohnes der Erde,
wie sie ist, dem Wirklichkeitsin des Bauern gleich, der, ohne
sich entmutigen zu lassen, den Jahreszeiten und dem guten
und bösen Wetter die Ernte abtrotzt; der Wirklichkeitssinn
des alten Mannes, der die klarste Ausprägung des Juden aus
dem Volke zu sein scheint — dem Alter der Nation gemäß, die
er vertritt. Und dies Volkstum, starr erhalten, in Sprache,
Tracht, Sitten und Geistigkeit dem fünfzehnten, dem vierzehn-
ten Jahrhundert, nur oberflächlich verändert, entnommen,
scheint selber unveränderlich und zählebig zu sein wie ein von
Krankheit nicht bedrohter Greis.

Und so wäre Resignation und Unverjüngbarkeit des Greises die tiefste und verurteilende Ausprägung des östlichen Juden — des Juden überhaupt? Manchmal meint man, dieser Erkenntnis nicht ausweichen zu dürfen. Eine edle und stille Schönheit des Abends liegt auf seiner Stirn. Die Augen, gesenkt und im Schatten der Jochbögen sanft gelagert wie umdämmerte Weiher, wissen viel Weisheit, aber sie winken nicht mehr der Tat entgegen. Die Milde seines Mundes spricht mit Worten des Predigers von der Eitelkeit und dem Haschen nach dem Winde des vorüberziehenden Daseins. Die Gesammeltheit solcher Menschen ist erschütternd; sie gehen durch ihre niederen Zimmer, und mit ihnen gehen Scharen der Vorväter, die das bittere Brot der Verbannung und des verhängten Elends gegessen haben wie sie. Nicht Hoffnungslosigkeit, nicht die Härte der Verzweiflung ist in ihnen, so nahe verwandt der Auflehnung und dem Todesschrei, auch nicht Verzagen ist ihr Los, in dem die Kleinmut sich selbst bejaht. Hoffnung und Ausblick ist in den Willen Gottes gelegt, der die Erlösung fügen wird zu seiner Zeit. Damit aber schneidet sich jeder Aufruhr und jeder Schritt zur Selbsthilfe ab, wie der grenzlos dem Horizonte zuströmende Fluß die Ebene still und unwiderruflich zerschneidet. Gottes Willen: das ist der Horizont des Juden; kein schwarz aufklaffendes Nichts, kein zum Aufbruch reizendes Gebirge, sondern die leis zitternde Linie der Vermählung des Himmels und der Erde. Und es bedürfte jetzt prophetischer Worte, um hinzustellen, wie wenig von dem Gifte, das Fatalismus heißt, in dieser beseelten Ruhe ist. Denn dem Willen Gottes Brücken zu bauen, ihm Wagen der Erfüllung zu sein, ist dem Juden freigestellt, ja, dies ist der Sinn seines Lebens. Und die große ostjüdische Schöpfung des Chassidismus quillt hierin über in den täglichsten Alltag, in die unmittelbarste Forderung des Tages. Wer schlicht in der Nähe der Dinge und der Men-

schen lebt, wer seine Seele davor bewahrt, in atemlose Zweck-
haftigkeit sich auszugeben, wer aufgetan und liebevoll jedem
Handgriff seiner Hände, jedem Worte seines Mundes, jeder
Verbindung zum Mitmenschen und brüderlich Geschaffenen
einen Strahl von Innigkeit und freundlichem Herzen mitgibt,
der webt mit an der Erlösung, am Geschick der Menschheit,
die vom Anfang der Zeiten tief verwurzelt ist dem Geschick des
Juden. Diese große reife Güte, diese gewaltlose Herzlichkeit
jeder Stunde ist an östlichen Juden im Alter häufig mit er-
schütternder Sanftheit bemerklich, und manchmal sind es, wie
man schließlich erfährt, Chassidim, die so wie früchtevolle Birn-
bäume inmitten des grasigen, strauchigen Alltags stehen. Und
heißt es nicht wahrhaftig mitwirken am Kommen einer Erlösung, wenn Ruhe und Güte ins heftige, quirlende Treiben der
Menschen fallen wie Birnen ins windbewegte Gras? Ist nicht Befreiung und Feierstunde da, wenn um solchen Greis das Gezänk verstummt, der ewige Markt vergessen wird, die ewige
Jagd schweigen muß, fahrige Gesten sich legen, heftige und
laute Stimmen still werden, und vor dem freundlichen Zureden
seiner Einsicht sich vieles als unwichtig zeigt, das noch eben
zwischen Menschen Zäune der Feindschaft errichtete? Wie
stark das ostjüdische Volk von solchen Greisen sich fesseln
läßt, zeigen die Dramen seiner Bühne, in denen oft der „Sejde“,
der Großvater, bislang anscheinend nur ein weise gespartes
undurchsichtiges Requisit, im letzten Akt, wenn nichts mehr
verfangen will an dem störrischen Knoten menschlicher,
männlicher Beschränktheit, seine lösende Gewalt bewirkt:
halb überzeugend, halb durch die Würde seines Wesens, die
Heiterkeit seiner Weisheit befehlend, fügt er alles zum Guten
und Herzerfreuenden, und steht dann inmitten der sich Fügen-
den wie der Gott des griechischen oder der Herzog des shakes-
pearischen Dramas, bekleidet mit dem natürlichen und fröh-

lichen Ansehen jedes Wesens, dem von innen zwangloser Gehorsam geschuldet wird.

Wenn nach so hartem Leben, nach dem unablässigen Kampfe um ein wenig Brot für Mann, Weib und Kinder eine Heiterkeit solcher Art das Ende ist — muß nicht im Menschen dann eine Substanz sein, die ihm nicht gestattet, Demütigungen an den inneren Kern der Seele rühren zu lassen? Denn es werden oft scheinbare und oft wirkliche Demütigungen erlitten, selbst wo Jude auf Jude wirkt; das Geld verhärtet jüdische wie nichtjüdische Menschen zu sinnloser und elender Hochfahrenheit, kränkende Worte bleiben dem Schwächeren nicht erspart und wer, wenn er angehört hat wie der polnische Gutsherr oder der deutsche Offizier zu dem Juden spricht, der ihm gerade als Schwächerer gegenübersteht, könnte die Empörung von sich fernhalten. Aber errät man in den großen offenen Augen, die den Hochfahrenden unbeweglich ansehen unter den gebogenen Brauen, errät man den Zug angespannten Lächelns, der von den Flügeln der ausdrucksvollen Nase ins Gestrudel des Bartes herabtaucht? An ihm gleitet die Absicht der Demütigung abwärts in die geduldige und schweigende Erde, die getreten und nicht gedemütigt wird. Was dem alten Juden diese Höhe des Seins verleiht, was ihn unantastbar macht, ist die Verachtung des puren Geldes. Die Verachtung des Nichtsals-Besitzes. Die Verachtung des Besessenseins statt des gelassen Besitzenden. Die große Verachtung, die der Geist wider den Ungeist hat — ohne die Selbstbesessenheit des Geistes. Das große zerklüftete Ohr des Armen hört nicht Ironie, Gepolter und Beleidigung, denn es hat sich vollgesogen mit der gemurmelten Melodie, die am Abend, nach der Mühsal des Erwerbs, im Bethhamidrasch zu den Blättern der Gemara ertönen wird. Seine knochige Stirn kann sich vor dem Reichen nicht senken, denn hinter ihr kreisen noch immer die Fragen nach dem

wahren Sinn des Spruchs, über dessen Auslegung im dringenden Mühn von Rede und Gegenrede um die wahre Meinung des großen Lehrers, gestern Abend die Kerzen herabbrannten. Das Lernen, das Lernen welches ein Leben lang währt, das Lernen, das die unablässige Hingabe des ganzen Körpers und aller Menschenkraft an den Sinn der Lehre ist, das Lernen gibt dem einfachen Juden diese Unangreifbarkeit des Wesens. Und die Unendlichkeit der Bemühung bewahrt vor dem Hochmut, der die Klippe des Geistigen ist. Hier gibt es keine Meisterschaft, denn die Schwere der Aufgabe des Talmud ist ohne Ende. Hier gibt es Fortschreitende und Fortgeschrittene, Anfänger und ältere Genossen, aber keinen „Eingeweihten", keinen „Vollendeten", keinen „Gerechten". Noch immer ist dem Juden der geistige Mensch die Höhe des Menschen. Einen armen Schwiegersohn erwählen, weil er ein Lamden, ein im Lernen Bedeutender ist, ihn im Hause halten und ernähren, ist dem Juden der Kleinstadt noch immer die beste „Partie". Vollkommen wahr, daß Reichtum in der Achtung durch den Krieg gestiegen ist, daß die Moralität in dieser Frage gelitten hat. Aber kein Reicher kann sich dem unbestechlichen Gefühl des Volkes für höher gestellt erachten als der, welcher dem Gesetze und dem Studium lebt — sofern er überhaupt zu den mit dem Volke Lebenden gerechnet werden will — und der vom Raw verkündete Bann auf Händler, deren Schiebung und Schachern die Volksernährung bedroht, ist noch immer die wirksamste Waffe gegen den kapitalistischen Geist gewesen, der ohne Blick nach rechts oder links nur dem Mehrwert nachrast.

Ehrfurchtlosigkeit kennt auch der rechtliche Ostjude — nämlich allem gegenüber was Macht und Machtherrschaft ist oder zu sein betont; insbesondere dem Gewaltstaate kann er Ehrfurcht,

Achtung oder andere Gefühle, die ihn anerkennen, erhöhen oder hochwerten, nicht aufbringen. Durch alle Straßen gehen sie, die in den Schultern gebogenen Männer, Langröcke mit den gedrehten Locken vor den Ohren, Bärten, die man von ihnen nicht wegdenken kann, und den lässigen Augen; sie erscheinen als Enterbte und Flüchtlinge des Lebens, achtlos auf den Schmutz ihrer Kleider und das häufige Ungeziefer, das sie kaum noch plagt; ihrer Hände Arbeit ist nicht viel mehr wert, viel Hoffnung auf großen Erwerb machen sie sich selbst nicht; aber den fremden bedrückenden Staat, diesen Götzen und Machtleib des Westens und des tatarischen Russen-Ostens erkennen sie nicht an. Er hat in ihren Köpfen nicht den mindesten Bestand; er ist nicht in ihrer Welt. Und dabei sind sie keine Revolutionäre; wie sollten sie noch Trotz, Empörung oder Aufstand aufbringen nach so langem Leben; vor allem: wie kann man Trotz, Empörung, Aufstand empfinden gegen ein so nichtbestehendes Ding wie den antidemokratischen Staat? (Aber sie sind die Eltern von Revolutionären.) Diese in den Schultern gebogenen Männer sind seit etwa vier Jahrhunderten, seit etwa zwei Jahrtausenden von fremden und harten Staaten regiert worden. Sie haben, mit Beziehung auf sich, nur den Unsinn, nur die Gewalt, nur die unterdrückende Faust herrschen gefühlt, und sie haben sie gründlich verachtet — so tief verachtet, daß diese Verachtung keine Maxime mehr ist, sondern der Mutterboden selbst aller Gefühle, die der Anblick des Staates ihnen ablockt. Diese Fremden, diese Nichtjuden, die an die Stelle vernünftiger, überredender, überzeugender Maßregeln einen schwitzenden, knirschenden, augenrollenden Automaten gesetzt haben! Die ohne gewalttätige Unterdrückung, ohne bewaffneten Befehl mit Menschen nicht auszukommen wissen! Die knechten und knechten, und die verlangen, daß ein freier Jude das Ge-

knechtetwerden innerlich anerkennen, achten, beachten soll! Die einen dummen Polizisten, einen borniierten Amtsschreiber, einen befehligten Soldaten, einen von sich selbst betrunkenen Offizier, einen mit Ressortaugen und karriertem Gehirn ausgerüsteten Titelwollüstling dazu bestellen, die lebenden Bedürfnisse, Triebe und Wallungen lebendiger Menschen zu reglementieren, zu befehligen, mit Strafen und Drohung von Strafen zu umzäunen! Und wo hätte er ihnen je Gerechtes und Freundliches erwiesen, dieser Staat? Seit den Tagen der großen polnischen Könige nicht mehr und ebensowenig vorher. Wo immer ein Staat den Juden treu und rechtlich behandelte, hat er ihm mit Rechtlichkeit und Treue bis in den Tod gedankt: von den Juden an, die Alexanders Städte verteidigten und denen, die neben den Goten des Theoderich auf den Wällen Neapels gegen die Byzantiner fochten (Procop) bis zu denen, die in polnischen Aufständen freiwillig kämpften und all den toten Juden des Weltkrieges; aber vor Gewalt haben sie noch nie kapituliert. Und also, wo er ihnen nicht einmal für das nackte pure Menschenleben Gewähr geleistet hat, wo er sie jeder Wut der Untertanen hingeworfen hat zu Raub und abkühlender Befriedigung, gehen sie mit ihm um wie mit einer unendlich dummen, großmäuligen Bestie. Sie verachten ihn und sie betrügen ihn — wenn man Betrug nennen darf, was nur Umgehung lästiger, sinnloser, zum Ärgernis hingestellter Vorschriften, Gesetze und Weisungen ist. Denn betrügen kann man nur jemanden, dessen Recht man anerkennt obwohl und indem man es umgeht; sie aber haben eigene Vorschriften, Gesetze und Weisungen, die ihnen gelten und die sie nicht umgehen, und was der knechtende Staat ihnen entgegenstellt, ist ihnen ein sinnleeres, nichtbestehendes Formelwesen, auf das Bestechung, Nichtachtung und Hinterslichtführen die einzig angemessene Antwort des Überlegenen und Gewitzten ist.

30

Und so wären sie denn Atome und Scharen von Atomen, diese Juden des Ostens, unfähig eine lebendige Gesellschaft von Menschen, eine auf Geben und Empfangen, auf Erzeugung und Austausch, auf Schöpfung und Erlebnis gegründete Einheit zu bilden? Wer dies meint, der schließt zu eilig. Der Ostjude leugnet den Zwangsstaat, den römischen Staatsbegriff, weil er in einer lebendigen Volksgemeinschaft lebt, weil er eine unendlich blutvoller existierende Form der Gesellschaftung verwirklicht als der brutale, auf Befehl beruhende Autoritätsstaat es ist. Der Arme, dessen von Leid und Geist gegliederte Hand die Almosenbüchse umspannt und schüchtern hinhält, indeß sein gramvolles und vertrauendes Auge den Geber prüft und den Herzensgehalt der Gabe empfindet, er ist der sichtbarste Ausdruck dieser Art von Gemeinschaft. Die Freiwilligkeit der Leistung, sie, die im Grunde jede Art von gemeinschaftlicher Leistung erst ermöglicht, sittlich macht, wertvoll macht; die unbedingte Abwesenheit jedes sozialen Zwanges; die Verantwortlichkeit des Menschen für den Menschen, die jedem Anspruch an ihn eine von beiden empfundene Legitimität gibt; die Verbundenheit im Rhythmus des Daseins, im Anschauen der Welt, in den Wertungen und dem Geöffnetsein für Werte, in der Rangordnung der Werte; und endlich die schweigende und selbstverständliche Übereinkunft darüber, daß das Leben wechselnd und schwankend, Gott aber und das Gesollte ewig und unveränderlich ist, daß der heut Gebende ein morgen Empfangender sein kann, sein wird, und daß Glück keine Ehre, Unglück keine Schande ist: solche Antriebe und Urantriebe geben die Keime her zu einer Gemeinschaft, die heute keineswegs rein und erfreulich ausgebildet da ist, die aber der Möglichkeit und Anlage nach aus der Art spricht, auf die Ostjuden beieinander, miteinanderleben. Noch in der Härte, mit der einer den ande-

ren gelegentlich anschreit, noch in dem Fluche, den er ihm nachruft, ist die Anerkennung gegeben: du bist Blut von meinem Blute. Aber jede mit dem jüdischen Sittengesetz von Güte und gerechter Offenheit übereinstimmende Handlung oder Wesenheit eines Nichtjuden macht ihn dem Ostjuden zum „Juden", dem gegenüber er handelt wie man unter Gliedern der Gemeinschaft soll — und jede in Abfall führende, das Judentum entehrende Handlung oder Lebensart eines Juden macht ihn dem Ostjuden zum „Fremden", zum „Nichtjuden", an dem man verfahren darf wie man mit Feindseligen verfährt. Darum ist dem Ostjuden der assimilierte, gewaltverehrende Deutschjude ein Fremder und Gegner, darum war ihm in der Zeit der Besetzung der gütige und menschliche Deutschchrist so oft „ein Eigener", ein Gemeinschaftsbruder; und darum möge jeder getrost die zwiespältigen, tag- und nachtfarbenen Berichte anhören, die von Deutschen kommen und ihre Erlebnisse mit Ostjuden froh oder entrüstet schildern, und daran den Erzähler erkennen, und mehr ihn als die so oft Verklagten. Denn nicht das Blut ist der allmächtige Spender und Binder solcher Gemeinsamkeit, sondern der Geist, der sich vom Blute tragen läßt, aber auch das Blut überwindet. „Gott wird helfen", sagt der Jude getrost dort, wo der Sohn westlicher Völker verzweifelt seine Vereinzelung erfährt oder titanisch gegen das Schicksal angeht, und das heißt nicht — wie dem gläubigen Christen — „es wird ein Wunder geschehen", sondern „Juden werden helfen", „Brüder werden helfen". Und die notwendige Ergänzung zu diesem Satze ist jener andere, ebensooft gehörte: „Denn wir sind doch Juden" . . . Ja, wir sind Gemeinschaftliche, Blutsbrüder und Geistesbrüder, und aus dem Geiste gegenseitiger Hilfe erwächst das Volk, aus dem Volkstum aber die brüderliche Hilfe. Blut und Geist: menschliches Sein, gelebtes Leben.

Unscheinbar, still in sich gefärbter Alltag, gelebtes Leben ist die Art der ostjüdischen Gemeinschaft; Alltag, dem man mit scharfen und klaren Augen, einem runzelvollen Gesicht und festgeschlossenen Lippen entgegentritt, die Tabakspfeife übrigens stets zwischen den Zähnen. Der Mensch muß leben und nicht andere für sich leben lassen, und die Erfahrung vieler Fehlschläge, Erfolge und halber Erfolge lehrt, daß halbe Fehlschläge das häufigste sind. Welche Stärke aber gibt dem Juden, daß er weiß, ihm könne im letzten Grunde nichts geschehen; wie geradeaus und sicher schätzend stehen seine Augen den unbeweglichen Augen des Lebens gegenüber! Er wäre kein Jude, wenn ihm diese letzte Unangreifbarkeit nicht einen unermüdlichen Elan gäbe, wenn er in betrachtende Ruhe versänke und mit sich nach dem Willen des Lebens geschehen ließe. Er lebt, er beginnt den Tag mit der Tätigkeit dessen, der in seinem Mute den Beistand Gottes spürt; aktiv ist er, ein Vorwärts und Aufwärts des Willens zum Leben, den Marschrhythmus vieler seiner Lieder spürt er im Pulsschlag des Blutes kreisen. Nichts fieberhaft Aufflackerndes und schnell Erloschenes führt ihn in Verwandlungen von Freude und Verzweiflung, sondern die Zähigkeit des alten erfahrenen, im Lebenskriege ergrauten Kämpfers stellt ihn nach jedem Sturz wieder auf die Beine. Mit sechzig Jahren, mit siebzig noch ist er imstande, sein Glück immer wieder zu versuchen, und so leidenschaftlich zäh er an dem Orte haftet, der ihn ergrauen sah, ebenso hell und willig horcht er auf, wenn ihn der Ruf trifft, einem neuen Schicksal zu folgen. Darum vermochte er, der wie keine Menschart sonst am Altgewohnten hängt, für diesen Ruf Bereitschaft in sich zu wahren, sobald er sein Zentrum trifft, die Angelegenheit seines Volkes ausspricht: er vermochte die Gewalt der nationalen und zionistischen Idee zu erleben. Soviel Widerstände er im einzelnen

34

zu leisten weiß: dem Aufruf zur jüdischen Volksheimat im Lande Kanaan hat gerade der alte Jude, der Mann des Volkes, sich sofort erschlossen, weil er in neuer, politischer Form nur das aussprach, was er von jeher wußte: daß dies Land sein Land sei. Nicht er sah in Herzls Botschaft eine Utopie, das sah nur der Westjude in ihr; er erkannte mit stürmischer Einwilligung das Reale, das Wirkliche, das Unleugbare und Natürliche darin. Und darum ist der Kreis der Bejaher des zionistischen Ziels im Osten so viel größer als der Kreis der östlichen Zionisten, von denen sich der allgemeine Jude in der Sprachen- und Gegenwartsfrage oft trennt. In einer Organisation etwas Wirkliches zu sehen lehnt er ab, Vorarbeit zu leisten entschließt er sich ungern; ihm gemäß ist allein der Aufbruch, das Hingehen, die Landnahme. Wenn das Volk ruft, wird er zur Stelle sein; bis dahin — soll man reden? Versammlungen berufen? Sich aufmuntern? Wozu? Man hat Besseres zu tun, die Zeit ist hart, man muß leben und das Geld für den nächsten Tag verdienen ... Ihm genügt es, daß die Idee da ist, wach ist und von denen behütet wird, die sich ihr auch in der Form der Organisation ergeben haben; sie können für den Tag der Tat auf ihn zählen, denn er ist ein Sohn des Volkes, das seine Rechte nicht vergißt ... So lebt er mit Ideen und die jüdischen Ideen in ihm und durch ihn. Nicht etwa, daß er durchweg ein Edeling und reiner Frommer wäre. Der Druck der Jahrhunderte hat ihn gepreßt und verdüstert; auch in dieser Menschengemeinde sind, wie in jeder, unredliche und gierige, eitle und prahlerische, ruchlose und verkommene Menschen, Trinker — selten — und Spieler — häufiger —, Selbstgerechte und Grobiane und vom Besitze ganz verhärtete Händler. Aber gewiß bleibt, daß in jedem von ihnen, noch im Wucherer und Mädchenhändler, im Bordellwirt und im kriechenden Umwedler der Mächtigen und Reichen, im Angeber und Verräter eine wilde Ganzheit des Wesens ist, eine Entschlossenheit zum Schlechten, die weit weg ist von schwächlicher Entartung und Entfärbung; sicher ist auch, daß nichts dafür bürgt, ob nicht eines Tages auch dieses wilde Herz ein Ruf zur Umkehr treffe und es verbrenne, das alte Wesen ganz verbrenne und ein neues Herz in neuer Brust schaffe. Und sicher ist schließlich, daß die Achtung vor dem Leben des Menschen und die Scheu vor Gewalt und Blut den Juden seltener als jeden anderen verläßt. Man möge nun sagen, daß es Feigheit sei, die ihn selbst vor dem Hinterhalt des Mörders zurückschrecken läßt; das ist eine sehr oberflächliche Optik. Was ist denn diese Feigheit anderes als die verzerrteste und erniedrigte Form des Urantriebes: Du sollst nicht töten, weil die Seele im Blute lebt und weil vergossenes Blut durch Nichts wieder gutgemacht werden kann? An dem Ausgewucherten, an dem verhandelten und geschändeten Mädchen noch kann durch Güte anderer Menschen geheilt werden, was der Verbrecher an ihnen verbrach. Alle Menschen sind vor Gott Mitschuldige und zur Sühne berufen. Der Tote aber ist tot, und der Tod des Tötenden vermag durch nichts von der Last der Sünde auch nur ein Gran wegzuheben; selbst wenn die Umkehr und die Reue, die Buße und der Schrei der Zerknirschung, Selbstanklage und Selbstverurteilung den Mörder reinigen, bleibt der Tote doch um das Leben und die Vollendung seiner Sendung gebracht: daran ist nicht zu rütteln.

Und so wenden wir die Augen weg von diesem Untergrund und Hintergrund, der nicht imstande ist, die Gemeinschaft zu entwerten, die den Ostjuden mit all seinem Sein enthält, denn er selber ist nicht dadurch entwertet. Immer und immer wieder hebt er sein vor Ausdruck leidendes Auge empor aus den Ebenen des Leids, groß und flammend steht seine Hoffnung in den Sternen des nachtschwarzen Himmels: die Hoffnung

auf Dauer. Das Allerweichste in der Welt überwindet das
Allerhärteste; die heroische Geduld des alten Juden, die ge-
sammelte Passivität seiner Tapferkeit muß, weiß er, stärker
sein als die Gewalttat, die unreife und noch reißende Völker
an ihm je und je verüben — sie, die seinem weißen Barte eine
anklagende Ehrwürde verleiht, noch wenn er vom Blute des
ermordeten Juden rot und zertrampelt im Kot der östlichen Gasse liegt. Gerade dann. Gestern wieder wie
je und je auf den vergewaltigten Seiten der Geschichte dieses
Volkes haben wir gelesen, daß die entmenschte Roheit und
Niedertracht feiger Soldaten, ukrainischer und polnischer
Nation, ostjüdische Menschen ermordet und geschändet hat
— Menschen, die sich nicht wehrten. Wir ahnen alle, er-
schüttert vor der Reinheit solchen Todes, die Geste, mit der
unsere Märtyrer sich in den weißen streifigen Gebetmantel
hüllen und sich erschlagen lassen, weil sie diesem Volke an-
gehören, das ausgewählt und niedergeworfen in einem ist.
Mögen sie unter den Peitschen der Hunde gejammert, unter
ihren Tritten sich gekrümmt haben: sie sind Märtyrer der Nation und um so reiner lebt ihr Gedächtnis. Das Volk, welches
sich nicht wehrt, wird schließlich siegen. Das Volk, welches
sich nicht wehrt, wird nicht verschwinden. Es wird nicht
untergehen. Es wird die junge und bestialische Nation über-
dauern, wie es andere überdauert hat. Und wir werden nichts
vergessen; das Volk wird nichts vergessen. Juda ist ewig, und
Amalek, der die Schwachen, die sich nicht wehrten, nieder-
machte, ist nur langlebig. Möge er aufstehen in schändlicher
Zeit: stets wird sein Blick das schimmernde Haupthaar, die reine
gedankenvolle Stirn, das emporgewandte Auge des Juden erblicken, und er, Kajin-Amalek, einst Römer und Deutscher, nun
Rumäne, Ungar, Ukrainer und Pole, wird das Blut des Juden
vergießen und darin seine Niederlage finden, seine Schande,

seinen endlichen Tod. Der Jude ist ewig, denn der vergeistigte Mensch ist ewig, und Amalek, das reißende, feige, gewalttätige Gewürm, ist vergänglich, denn der Mensch im Menschen wächst. Greis, von den Sternen her strömt Sicherheit in dich; Greis im Tallith, dein Blut, vergossen für uns alle und für die Wehrlosigkeit des Menschen, wird verklärt auferstehen und das Morgenrot der Zeiten je und je färben, wird wie ein unverlöschliches Gestirn, die Morgenröte, das Ende der Dämmerung einleiten und bekräftigen.

Lügen solche Gefühle? Floß Trug in solche Überzeugung? Die Augen des Ostjuden schauen uns prüfend an. Unbeirrbar stehen sie, breit auseinander und unverrückbar verbunden wie die Sterne des Jakobstabes in den fließenden Nebeln des weißen Bartes. Die Falte über seiner bäuerlichen Nase sitzt scharf und vertikal wie die Falte des Seemanns, der die Brauen mit der Hand beschattet um unbeirrter wahrzunehmen, wie die Falte des Malers, der seinem Gegenüber spähend den lebensvollen Zug absieht. Der Sinn für Wirklichkeit, der diesem Volksteil der Juden eine realistisch-konzentrierte Dichtkunst gegeben hat, die Forderung der Wahrheit, die es erhebt, wendet sich aus diesem richterlichen Antlitz gegen alles, was über den Juden des Ostens ausgesagt wird. Ist, was bisher gesagt ward, auch wahr? Besteht es vor dem Leben, vor der Probe des nahen Miterlebens im Volke? Ist es nicht etwa wohlwollende Täuschung über einen ganz anders bestehenden Sachverhalt? Nicht etwa nur erhobene Rhetorik und ein frohlockender Tonfall über einer verschleierten Unwahrheit? Ist der Jude des Ostens vielleicht wirklich ein Greis, am Ende eines langen Lebens, unverjüngbar, nicht wiederzugebären, vor dem unmerklichen Tode? Ist dieser letzte Teil des jüdischen Volkes als Volkheit nur zusammengehalten durch das Ghetto, zum Auseinanderstieben verurteilt, sobald

40

das eiserne Band von den Revolutionen zerstört und ruhigere Bewegung eingetreten sein wird? Verurteilt zur Atomisierung, zum Verlust an jedem einzelnen Juden, wie ja die Juden des Westens jeder an Judentum Verlust erlitten haben? Verurteilt zur Angleicherei, zur „Moderne", zur „Jetztzeit", zu Europa, zum Mischmasch? Und wer bürgt dafür, daß es nicht gut so kommt, wenn es so kommt? Wer wagt es und mit welchem Rechte, von der Ewigkeit eines Volkes zu reden, welches ein Pariavolk war fast solange es bestand, ein Volk, mit dem die anderen sich zu vermischen nicht geruhten, und welches, wenn das Vorurteil der Kaste, der Fluch der Kaste durch fortschreitende Aufklärung beseitigt wird, gierig in die Hochzeit mit den Völkern einzugehen bereit ist? Wer behauptet die ewige Sendung eines Volkes, wo vielleicht nur die ressentimentale oder pariahafte Umkehrung der Wertordnung den Verachteten zum Verachtenden, den Ausgeschlossenen zum sich Entschließenden, den Verstoßenen und nirgendwo Behausten zum Ewiglebenden und wandernden Lehrer der Menschheit gemacht hat? Hat nicht in jedem Lande vom Westen her eine Entjudung der Juden begonnen, die nur am Unwillen der eingeborenen Völker ihre Grenze fand, und wie oft nicht einmal an ihr? Und was wird aus dem ewigen Volke, wenn der revolutionäre Föhn alle alten Gletscher und Völkerklötze zum Schmelzen bringt — gibt es auch dann noch dies Ostjudentum in seiner volkhaften Fülle und Bewahrtheit? Denn auf der Erde ist dies der letzte Teil des jüdischen Volkes, der neue eigene Lieder und Tänze, Sitten und Mythen, Sprachen und Gemeinschaftsformen geschaffen hat und lebend erhält, und der zugleich das alte Gut in lebendiger Gültigkeit bewahrt. Ist der Ostjude ein Greis in seinem von Reinheit, Heiterkeit und Weisheit verklärten Abschied, so ist der Bestand des Judentums nur so lange verbürgt, als die Völker selbst in

Hochmut und Härte sich von ihm absondern; und dies schöne menschlich herbstlich daseiende Ostjudentum ist die rosen- und veilchenfarbene, goldgeränderte Abendröte des jüdischen Volkes. Ist der Ostjude dieser Greis? Wir werden die Antwort zu suchen haben.

II.

Grau und grün, in den natürlichen Tönen wettergefärbter Bretter, stehen Gotteshäuser wie dieses auf hügeligen Straßen oder in einer Senke, mitten im Dorfe oder in einer Vorstadt, fast schon im Freien; mit diesen spitzen Dächern, deren unelegante und natürlich schöne Kurve so viel ungekünstelten Ausdruck hat, gegliedert und vielfältig, schlicht und zusammengesetzt wie die Seele des Menschen, die sich in ihm entfalten soll. Seine dünnen Säulen von geglätteten Balken sind wie Töne, die kleinen Fenster und die menschenniedrige Tür die einer Heimstätte. Stets altern Bäume in der Nähe und die Holzhütten der einfachen Juden, deren Leben um dieses Gebäude kreist. Drinnen öffnet sich hinter einem Vorraum, in welchem sich der Wasserbehälter zum Waschen der Hände findet, der nicht sehr große Saal, von dessen niederer Decke gegossene Leuchter aus Messing hängen, in einfachen Formen, gebaucht oder kugelig; der geweißt oder von der Zeit gedunkelt ist wie ein Gemälde, und den Malereien nicht schmücken dürfen. In der Mitte, von Stufen emporgetragen, steht das viereckige, umzäunte Gehege, in welchem die Thora vorgelesen wird, sie, die, an der Ostwand in einem oft andächtig geschnitzten Schrein bewahrt, von Stickereien auf Seide oder Samt verhangen, geschrieben von andachtsvoller Hand auf Pergament und gerollt wie die Bücher vor viertausend Jahren, hier feierlich enthüllt wird. Hier entfaltet sich der eine Träger der jüdischen Seele: das Gebet. Nicht jene Art von Gottesdienst ist hier zu finden, die auch in den großen Städten des Ostens sich langsam gebildet hat, gebildet nach

der Analogie des Westens und nichtjüdischer Kulte wahrscheinlich, in der der Vorbeter die Achse des Gottesdienstes ist, um die die Gemeinde sich nur wie ein murmelndes Rad schwingt, passiv bis zum Stillschweigen vor dem Gesang des Chasan und gar seines Chores. Hier ist der Vorbeter vielmehr nichts anderes als eine laute Stimme unter lauten, der ausgesetzte Träger des Rhythmus, der alle bewegt, und jeden aus sich selbst. Die Gemeinsamkeit dieser Gemeinde entsteht mehr aus der in allen waltenden Seelenart als aus der Gleichheit des Textes. Mit allen verbunden ist jeder Betende der alleinige Träger des gemeinsamen Betens, seine Stimme entsendet von allen aus zu Gott, dem sich Alle öffnen, dies Gebet, und sein Körper, Träger der Hingabe, schwingt hin und her, vorwärts und rückwärts, je tiefer er sich verliert, je höher er sich entzückt. Der Gebetmantel, der Tallith, im „liberalen" Westen oft nur ein koketter und überflüssiger Ritualschmuck, zur schmalen Stola verschämt gefaltet und blitzend mit seiner goldenen oder silbergewirkten Borte — im Osten hüllt er den Beter ein, entwest den Kontur seiner Gestalt, trennt ihn aus der Welt und, oft auch über den Kopf gezogen, löscht ihm das Licht dieser Welt, damit das göttliche Licht ihm um so heller scheine. Ja, das Gebet ist noch laut im Osten, zu jeder Stunde des Betens entzündet sich allgemach die Glut des Ansturms auf die Höhe des Herrn, und für oberflächliche und westliche Ohren und Augen ist das ein peinlicher und geschmackloser Eindruck, diese rücksichtslosen Stimmen, diese geschüttelten Gestalten, diese fremdartig artikulierten, geheulten, gestöhnten Melodienteile, die zu einem wilden schreienden Chorus zusammenbrausen und die sogar außerhalb der Mauern des Hauses wie das Brausen der fernen Brandung, wie das Rufen wilder Menge tönen. Wer aber je in einer Moschee der Islamländer geduldet wurde während des Gebetes, der erkennt im Juden den Orientalen. Der Rhythmus, der dort die Körper bewegt, ist entgeisteter, weniger persönlich, geregelter durch die Vorschrift, ist in den objektiven Teil des Gebetes eingegangen; beim Juden blieb er subjektiv, mehr vom Antrieb geformt und aus der einzelnen Seele des Beters nach der Gewalt der Stunde brechend. Aber das auch findet sich im Orient, und kurz, der betende Ostjude in seiner äußersten Verzückung ist dem Derwisch näher als irgend einem modernen Juden. Die Andacht, diese in sich versinkende, sich still öffnende, den himmlischen Frieden in sich empfangende Gebärde des Westens, ist dem motorischen, dynamisch bewegten, wie der Pfeil von der Sehne geschnellten Wesen des betenden Juden genau entgegengesetzt.

Aber nicht einmal in dieser Umgebung zeigt sich ganz, wie der Jude und der Raum, in dem er betet, in Wirklichkeit einander gehören. Erst in dem kleinen Beth-Hamidrasch, dem „Bessmedresch", das nicht größer ist als eine große Stube und von denen es in jeder Stadt viele gibt, in Gassen versteckt, hoch oben in Häusern oder hinter mehreren Höfen, erst in ihnen enthüllt sich das. In dieser Stube gibt es einen großen Ofen, den kleinen Schrein der Sefer-Thora, viele Bänke, die auch die große „Schul" füllen, Pulte mit Kerzenhaltern und, hier besser bemerklich als in jener, Wände mit Folianten verstellt. Zu den vier Stunden des Gebetes — früh morgens, am Vormittag, am Nachmittag und gegen Sonnenuntergang —, füllt sich das „Bessmedresch" mit Betern, und sie sind hier noch reiner, noch entbundener als in dem großen Raume. Vorbeter ist hier, wem gerade diese Ehre zuteil ward, und keine größere ist hier zu vergeben. Aber auch zu allen anderen Stunden des Tages und der Nacht sind hier Juden beieinander. Ihre Profile und die gebogenen Schultern heben sich von den geometrischen Ornamenten der Bücherwand belebt und

rührend ab. Da sitzen sie, von der Straße gekommen, müde, ruhend, zerlumpt und alltäglich — und im Sitzen kommt ein wenig Stille in sie, Entspannung, Erleichterung. Ist's Winter, so suchen sie die beglückende Wärme des Ofens, und das Ausruhen wird zum Schlafe. Und niemanden stört der schlafende Jude, und niemand ihn. Er ist daheim, dies ist aller Haus und also auch sein Haus. Neben ihm reden Einige von den Ereignissen der Stadt oder der allgemeinen Zeit, die den Juden umso tiefer erregen, je wehrloser er in ihnen treibt. Andere besprechen ein Geschäft, einer liest die Zeitung. An einer Ecke betet ein Nachzügler sein einsames Gebet, der Tallith ist seine Mauer. Und nachdem er es beendet hat, unmittelbar danach, mischt er sich in die Unterhaltung einer der Gruppen oder tut wie der Schläfer. Denn im Osten ist nicht die Trennung durchgeführt, die das Leben des Westens so voller Schema, Erstarrung und leerer Maske macht: hier Ort des Betens und sonst nichts, dort Ort der Politik, des Geschäftes, der Ruhe. Sondern eines fließt ins andere, eines trägt das andere und erträgt es. Die Seelen sammeln sich jäh zur einen Haltung und werfen sich jäh in die andere. Die Andacht erlaubt keine Störung, die Extase kennt keine Störung. Und der Gott, der des Menschen Schöpfer und Vater ist, erscheint ihm nicht als ein ausschließendes und bannendes Wesen, das keine Entweihung seines Ortes duldet, sondern als so hoch und zugleich so allgemein, so gütig und so vertraut, daß vor ihm jede Alltagshaltung des Juden, seines Lieblings und angelobten Besitzes, erlaubt und frei erscheint. So wenigstens empfindet es der Jude. Er ist daheim auch wo sein Herr ist, und dieser Raum, das Haus des Gebetes und der Lehre, ist ebenso Volkshaus wie Gotteshaus. Darum können darin auch Versammlungen eine Stätte finden, die ganz weltlich sich mit den Problemen und Nöten der Gemeinde befassen, ohne daß irgendwem auch nur der Gedanke an ein Sakrileg käme, und dem wahrhaft Frommen am allerletzten, denn er weiß, daß die Brücke zu Gott nicht in irgendeiner Räumlichkeit fußt, sondern in der Seele der Betenden.

Betet dieser Jude? Man möchte darauf schwören. Zwischen seinem Gesicht und dem Buche in seiner Hand ist eine magnetische Verbindung ausgespannt. Die alten und schweren Linien seines Gesichtes, vom Leben gehöhlt, sind jetzt Kanäle für eine Aufmerksamkeit, die die erschütternde Seligpreisung des Geistes ist; sein Mund, andächtig geöffnet, spricht lautlos Worte, die ihm bis ins Herz klingen. Die Hand, die das Buch hält, ist wie ein Spiegelbild unter das Gesicht gelegt: als spiegele sich im weißen Wasser des Bartes seine zusammengepreßte Geistigkeit; und wie ein kleines Tier, ausdrucksvoll, erfahren und gegliedert, wagt sich die andere Hand verletzlich und scheu aus der Höhle des groben weiten Ärmels. Dieser Mensch mit dem Umriß der Versunkenheit betet aber nicht: er liest. Und der Jude mit dem Buch: das ist erst der eigentliche Jude. Hier sind Gefilde ausgebreitet, die seine eigentliche heimatliche Ebene sind, endlos bis zum Horizont des Unwißbaren. Hier kennt er alle Gefahren und überwindet alle, hier auch fühlt er sich, ein allzu oft Gejagter, dem Leben nur schwer Gewachsener, endlich frei, fruchtbar und mächtig. Hier spielt er wie ein Läufer mit seinen Kräften. Es ist wohl wahr, in dieser Freude und Geborgenheit verbirgt sich auch eine Gefahr: die Verleumdung des Lebens. Aber sie droht nur dem Jungen; der alte Mann, müdegehetzt von diesem unerbittlichen und ebenbürtigen Gegner, darf sich mit Recht in diese Rettung flüchten. Und das tut er nun. Das Buch ist ihm alles, ihm, der in herrlichen Mythen die Erschaffung der Buchstaben aus dem Feuer des göttlichen Thrones an den Anfang der Schöpfung stellt. Am Buche reguliert sich ihm die

Welt: was von ihr in Bücher einging, das allein ist wert und wichtig; alle anderen Erscheinungen treten vor ihnen zurück. Und darum ist er so dankbar und glücklich, wenn seine heimische Umwelt und Seinesgleichen in Bücher gebracht, zum Dasein der Buchwürdigkeit erhoben werden; jetzt erst ist dieser Umwelt und ihm selbst die volle Würde und Dauer wahrhaft lebender Dinge geschenkt worden. Dies Gefühl ist vielleicht einer der Gründe, die der jüdischen Epik einen so tiefen Erfolg verliehen; und wenn gar in hebräischer Sprache, der heiligen Sprache, ein Dichter solche Gegenstände gestaltet, werden sie selbst mit Ewigkeit geweiht, so tief auch sonst die Bescheidenheit des Juden ihn von so sprengenden Gefühlen über sich selbst abhalten möchte. Dem hebräischen Dichter, aber auch dem jüdisch schreibenden Dichter, wird aus dieser Einstellung ein Glanz und eine Liebe entgegengebracht, wie sie nur einfache Völker ihren Schaffenden zu schenken vermögen. B i a l i k s oder S c h n ë u r s Geltung im Ostjudentum ist unvergleichlich mit der weit abstrakteren, unverbindlicheren, wirkungslos bewunderten oder gar nur berühmten deutscher Dichter von ähnlichem Rang; und nur die unbedingte Nachfolge, die Stefan G e o r g e von seinem Kreise geleistet wird, ist mit dieser ursprünglichen und blutvollen Geltung und Führerschaft zu vergleichen. Hier aber ist es ein ganzes Volk von Armen und Alltäglichen, nicht die mühsam Erlesenen der höchsten Bildung ohne volkhafte Verwurzelung, die ihre Dichter so lieben: Mendele und Scholem Alejchem, Asch und Agnon und vor allem der herrliche Jizchak Lejb Perez sind die Söhne des Volkes, und ein ganzes Volk ist ihr begeisterter, dankbarer, entflammter Leser. Der Jude, der das Buch in der Hand hält, das ist der bewaffnete und getröstete Jude; er lebt in Gefilden, die ohne Leid und Sünde sind.

Was nun aber erst von dem Juden sagen, der im Bethhamidrasch oder daheim vor dem aufgeschlagenen Talmudtraktat sitzt? Um ihn ist der Ring geschlossen, er ist glücklich. Um seine Lippen spielt ein zartes Lächeln, in dem tiefen Schatten des Blickes ist die Versunkenheit des völlig Wunschlosen. Der Abschnitt des Buches, der vor ihm liegt, bedeutet ihm Abbild und Enträtselung der Welt, ein Lebensführer durch alles Verworrene, zugleich in seiner Schwierigkeit eine geistige Anstrengung, Aufgabe, Übung höchsten Ranges — und einen Gottesdienst, die Erfüllung eines religiösen Hauptgebotes. In der Lehre forschen, das heißt: Talmud lernen. Er sagt „lernen" schlechtweg; denn es ist eine ewige Aufgabe ihrem Wesen nach, und nur durch die unablässige, ein Leben lang dauernde, ganz hingegebene Versenkung in sie vermag man sich ihr zu nähern. Schon das pure Verständnis des Problems, das gerade vorliegt, ist dem Fremden eine unvergleichliche Schwierigkeit. Denn der Talmud ist zunächst ein Protokoll: die Aufzeichnung der Diskussionen (Gemara) in den Lehrhäusern Babylons (und Jerusalems). Diskutiert wird die Anwendung der mündlich überlieferten, später schriftlich fixierten Lehre (Mischna) auf das Leben der Juden der damaligen Zeit und unter den Verhältnissen in diesen Ländern etwa um das Jahr 200 bis 400 unserer Zeitrechnung, in der syrischen, aramäischen Sprache, deren sich die Juden damals mündlich bedienten. Jedes Gebot der Mischna knüpft an eine Stelle in der Thora, dem hebräisch geschriebenen Pentateuch an; die Begründung eines Gebots aus ihr geschieht aber nicht logisch-kausal, sondern entweder mnemotechnisch, also wortmäßig, wobei die vielfältigen Bedeutungen eines und desselben hebräischen Wortes reichlich benutzt werden, oder nach Analogieen anderer Thoraworte, die zu der hier vorliegenden Stelle innere Beziehungen haben. Die Auslegung solcher

Worte wird nun diskutiert, gemäß den verschieden geübten Bräuchen, und zwar gewöhnlich zwischen den Anhängern zweier Schulen, der strengeren und milden. Sie diskutieren nicht nur die Fakta oder die Bedeutungen, sondern vor allem auch die Prinzipien des Denkens, nach denen entschieden wird; und das immer an irgendeinem konkreten Fall, der dadurch seine Vereinzelung verliert und eine beispielhafte Wichtigkeit enthält. So kommt es, daß mitunter Menschen, die von alledem nichts wissen und nur das rohe Wort wahrnehmen, in diesem tiefsten, unaussprechlich weisen Buche ein absurdes, wüstes, oft fast unsinniges Gezänk um des Kaisers Bart zu hören glauben; sie hören nur ihre eigene Unwissenheit. Und auch die Lobredner dialektischer Schulung in der Gemara verwechseln eine Nebenwirkung mit der großen Aufgabe: das ganze Leben des Juden (des Menschen) und all seine Gebräuche, all die vielen Verschlingungen und Überraschungen des Tags und der Stunde so im Gesetz zu verwurzeln, daß die Entscheidung und das Leben der Weisesten und reinsten Lehrer für jeden Juden maßgebend wird; nicht aber so, daß ihm fertige Rezepte gereicht werden, die ihm Entscheidung ersparen, sondern so, daß ihm Geist und Gewissen für das Wesentliche geweckt werden, und so, daß sein Denken fähig wird, aus dem Einzelfall das Prinzip seines Zustandekommens herauszuschälen, dann wieder in die runde Fülle des Gegenwärtigen zurückzusinken, und nun, umfangen vom Geschehen und es zugleich von oben überblickend, diesem Einzelfall volle Gerechtigkeit zu gewähren. So ist der Talmud, der selbst Kommentar ist, und von den wichtigsten Kommentatoren von „Raschi“ und den „Tosafisten“ an bis auf diesen Tag weitergedacht und fortlaufend gedeutet wird, heute eine Literatur von zwanzigtausend Bänden, eine radikal abstrakte und ebenso radikal weltzugewandte Geistigkeit, Methode und

Inhalt, Denkprozeß und Ratschlag, Historie und unabweis-
bare Gegenwart. Er ist das Gehirn des Juden. Er ist das jüdische Volk noch einmal. Er ist die Durchsetzung Gottes im
Menschenleben. Und er ist voller Weisheit und voller Beispiel.
Denn in den Lehren und Aussprüchen der Lehrer und Schul-
häupter ist stets ein Mensch enthalten, eine reine und ganze
Gestalt. Die Essenzen ganzer Menschenleben, in inniger Einheit vollbracht oder erstrebt, stehen oft in einem Satze ausgesprochen. Sie werden mit Zügen aus dem Leben der Meister
von den Schülern berichtet, die selbst wieder Lehrer sind, und
in denen sich Existenzen zu erkennen geben, deren Demut
und Reinheit uns Zerteilte und Entgeistete mit Erschütterung
befällt. Ja, Weisheit vor allem ist im Talmud, nicht Klugheit
oder Erkenntnis oder Philosophie oder Theologie, sondern
die Weisheit des Lebens selbst, und in dieser Atmosphäre auf-
zuwachsen, mit diesen Beispielen und Ahnungen menschlicher Möglichkeit umgeben sich zu bilden, das gibt selbst den
jungen Talmudschülern und nun gar erst den alten eine Aura
von Reinheit des Um-das-Leben-Wissens, Um-das-Eine-das-
not-tut-Wissens, vor der wir stolzen Okzidentalen schweigen
lernen. Daß nach der Überwindung solcher Schwierigkeit des
Lernens unsere Wissenschaft und Philosophie dem Ostjuden
sehr leicht fällt, sei nur beiseite bemerkt.

Und nun sehe man am Abend und in der Nacht — als träfe
man seinen alten Schuster oder Droschkenkutscher nach
Feierabend gewohnheitsmäßig in Kants Kritiken oder Mar-
xens Kapital vertieft — im „Bessmedresch" oder daheim diese
alten Männer mit den groben großen Arbeitshänden, das Gesicht zusammengeballt oder ganz gelöst, nach einem Tage
voller Broterwerb vor einem Traktat der Gemara sitzen und
selten allein, meist zu zweien, „lernen". Leise murmelnd, leise
singend, lesen sie sich den Text vor und bringen ihn sich nahe,

indem sie ihn jüdisch formulieren, Kommentator nach Kommentator vergleichen und anwenden, und all das in einer wunderlich unmelodischen Melodie. Denn schon daß diese geistige Arbeit nicht schweigend oder gesprochen verrichtet wird, daß sie gesungen, gesummt, modulierend versprachlicht wird, gibt ihr das Einprägsame und Entrückende großer Lehrgedichte oder Zauberlieder. Der Melos ersetzt den Vers. Der Oberkörper des Mannes muß sich dieser Melodie anschließen, er gerät in jene pendelnde Bewegung, die die völlige Unterjochung des motorisch angelegten Juden unter eine, unter diese geistige Stimmung aussagt. In dem Wiegen des Leibes werden alle zerstreuenden Sondertriebe und Absichten des ganzen Menschen eingefangen und abgeleitet; sie werden vom Juden durch Bewegung ebenso unschädlich gemacht wie vom Inder durch die absolute Unbewegtheit. Und wenn nun zwei Lernende beieinander sitzen, summend und wankend über den schwierig gedruckten Folianten, deren vokalloses Aramäisch und Hebräisch in verschiedenen Drucktypen Mischna, Gemara und Kommentar darstellt, innehaltend und in immer leidenschaftlicherer Rede, die man so wenig versteht wie die Auseinandersetzungen zweier Mathematiker an der strittigen Stelle einer langen schweren Formel, das Problem hin und her wendend, in Thesis und Antithesis, in dramatisch gesteigertem Hin- und Herwenden die Schwierigkeiten erst aufdeckend, immer neue Facetten von Widerspruch aufblitzen lassend: bis das Prinzip der Übereinstimmung aller Weisen aller Zeiten plötzlich seinen Sieg enthüllt, der durch den Ursprung aller Menschenerkenntnis aus der einen göttlichen Weisheit a priori gesichert ist, bis der Standpunkt gefunden ist, von dem aus die Synthesis sich erschauen läßt: wenn zwei unscheinbare Juden so miteinander lernen, haben sie eine Intellektualität, eine geistige Ahnenreihe und Seinshöhe hinter und unter sich, vor der jedes andere nahöstliche Volkstum, was geistige Kapazität anlangt, in die Blässe primitiver Anfänge zurücksinkt. Hier ist die Wurzel einer geistigen Kraft, die den Juden zwingt, sich überall an die Spitze zu stellen, wo Denken und Denkenkönnen vorausgesetzt wird. Daß aus solcher Fähigkeit und Schulung, Tradition und Forderung (denn Knaben von zwölf bis fünfzehn Jahren müssen imstande sein, die schwierigsten Probleme und Gedankengänge, sofern sie sie „gelernt" haben, bei einer Prüfung aus dem Kopfe zu rekonstruieren) auch unerfreuliche Erscheinungen erwachsen können, rein dialektische Spielwut anstelle der Erkenntnis, moralische Equilibristik und selbstbetrügerische Jonglierkunst anstelle der ethischen Festigung treten können, sei zugegeben; aber es gibt keine Natur- oder Seelenkraft, die nicht auch Gefahren brächte, und „wo Gefahr ist, wächst das Rettende auch".

So verwurzelt sich der Jude im Abstrakten, reiche Ströme des Lebens zieht er aus ihm aufwärts ins Wirkende. Wie aber entfaltet er sich im Konkreten, im Dasein, in dieser Farbenfülle, Lustfülle, anstürmenden Gestaltenfülle des Daseins? Dieser Jude, die feierliche Pelzmütze auf dem Kopf und ganz in den Gebetmantel gehüllt, der einen so gesammelten und zärtlichen Blick auf den Gegenstand in seiner Hand richtet, feiert ein Fest, ein Sommer- und Erntefest, das Fest der Laubhütten, und der Gegenstand in seiner Hand ist ein aus Weide, Myrthe und Palme gebundener Strauß, ein Feststrauß, dessen notwendige Ergänzung eine zitronenartige Frucht ist, der „Essrig", duftende Frucht Palästinas. Aber von allem, was Frucht und Strauß im wirklichen Leben bedeuten, von dem Lachenden und Leichten, dem Leuchtenden und üppig Schmuckhaften ist nichts geblieben als ein Gegenstand ritueller Fürsorge und Ängste, der im Gebete an gewissen Stellen

geschüttelt wird, umhergetragen und mit Segenssprüchen ge-
braucht. Nichts von hohem festlichem Lebensgefühl mehr
weht um diesen Strauß — nichts Straußhaftes ist an ihm —,
und damit wird er erst völlig zum echten Symbol. Die konkreten Beziehungen zum hohen feiervollen Leben sind dem Ostjuden geschwächt bis zu einem Grade, der das Festliche in
seinem wahren Sinne überhaupt nicht mehr versteht, — kein
gehobenes, jauchzend dankbares Lebensgefühl mehr geht dem
Rhythmus des Jahres nach. Das ist der Preis, den der Jude
hat entrichten müssen. Die Festversammlungen des antiken
Israel sind Gelegenheiten zu einer veränderten Gebetsordnung
geworden, zu Arbeitsruhe, besseren Mahlzeiten und einem
Spaziergang vielleicht — aber Feste sind sie nicht mehr. Zwar
darf man bitter fragen: wo sind in Europa wirkliche Feste?
Der Jude ist auch hier nur ins Extrem gegangen; das Übel
aber ist ein allgemeiner Verfall, und wir wollen ihm nicht an-
rechnen, daß er daran Teil hat. Nur daß in der Tat hier das
Extrem gelebt wird: der Überschwang der Seele, der sich im
Gebet so stark ergießt, hat auf das Lebensgefühl des Fest-
feiernden gar keinen Bezug gefunden; er spürt keinen Aufruf,
fühlt sich nicht betroffen. Es ist selbstverständlich geworden,
daß dem so ist; wo hat der europäische Jude denn quellenden
Zugang zum Ablauf des Jahres? Dieser Städter in seiner
Gasse? Und wie sollen sich ihm aus konkreten Ereignissen
Feste ergeben, wenn die Ereignisse, die einst solche Feste
schufen, in der Vorzeit des Volkes liegen, selbst Abstrakta geworden sind? Sie und ihren Gehalt spürt er stark: die Befreiung aus Ägypten, die Gesetzgebung am Sinai, die Errettung
aus Hamans, des ewigen Feindes, Händen, die Wiederweihe
des Tempels — diese Bedeutungen sind ihm voll gegeben; nur
das Festliche in der Begehung, nur der Anteil des ganzen Le-
bensgefühls daran ist geschwunden; kaum daß der ursprüng-

liche Übermut des Purimfestes, seiner Verkleidungen und Spiele noch schwach nachzuckt. Und doch ist im Ostjuden die Fähigkeit des vollsten Feierns, des festlichen Jubels noch da: denn der achte Tag dieses Laubhüttenfestes ist ein wahres Fest — aber dieser Jubel strömt aus der Freude an der Thora, der Lehre, deren letzter Abschnitt an ihm verlesen wird, den Kreislauf des Jahres beschließend. An diesem Tage werden die Thorarollen alle dem Schreine entnommen, der sie sonst birgt, und die Thora, seine heilige Geliebte, im Arme, tanzt der Jude im Hause der Lehre einen endlosen, wild-verhaltenen Tanz. Ja, er tanzt Reigentänze vor Gott, zu Melodien zuckend vor Kraft und Monotonie gehen die Rollen von Arm zu Arm, Stampfen und Staub erfüllt den Raum, der solches nur ein- mal im Jahre sieht: nicht im Freien auf der Wiese, nicht im berauschenden und exaltierenden Licht der Sonne tanzt der Jude seinem Gotte diesen davidischen Tanz — aber er tanzt. Und erst an diesem Tanze spürt man zutiefst die Entfremdung von allem Natürlichen, die den Ostjuden gefangen hält. Diese Greise und Männer mehr noch als die Jungen, die in ihren Gebeträumen wirklich tollen und jauchzen, diese springenden Juden mit wehenden „Tallejssim" und geschüttelten Bärten, tanzend selbstverständlich ohne Frauen als Orientalen, die sie sind, zur Festesfeier um des Buches willen, das den Weg zu Gott enthält, den Weg des Lebens: diese Tänzer haben das Erschütternde an sich, mit dem sich jede echte Erkenntnis einstellt: wie weit weg vom Leben selbst sie sich entfernt haben. Und schon werden, mit Fahnen und Fähnchen in blau und weiß, mit Rosinen und anderen bescheidenen Leckereien, die Kinder selbst auf den gleichen Pfad geführt: Ssimchath Thora, „Ssimchestoire" ist das einzige jüdische Kinderfest des Ostens ...

Versteht der Ostjude so die aus dem Leben selber quellende Freude nicht mehr — um so tiefer ist ihm die Trauer gegeben, die aus dem Geschick der Nation, des jüdischen Volkes, quillt. Ja, hierin ist er, Hiob unter den Völkern, allen anderen voraus, maßgebend, unerreichbar. Am neunten Ab, an jenem Tage, der zweimal den Fall des Tempels, den Fall des Volkes sah, ist eine echte und leidenschaftliche Verzweiflung in allen Versammlungen der Juden. In Pantoffeln und weichen Schuhen — das Ablegen der Stiefel ist das erste Zeichen der Trauer des Orientalen — treten sie in die Lehrhäuser; sie kauern auf dem Fußboden oder sitzen auf niederen Bänken und Schemeln, kleine Kerzen neben sich, ein kleines Buch in der Hand: im Halbdunkel erbleichen die Gesichter zu Schemen. Und zwischen zwei Kerzen beginnt der Vorbeter die Klagelieder des Jirmijahu zu lesen — zu singen, in einer schneidenden und schluchzenden Melodie, eintönig und aufregend in der beständigen Wiederkehr lang modulierter Klagetöne. Und das ist die Unsicherheit des Lebens selbst, die hier zur Erschütterung sich steigert; die Toten nicht nur jenes Jahres bestürmen die Seelen der Juden, die sich nun für vierundzwanzig Stunden der Speise enthalten werden; Tote des Mittelalters treten ein, Tote des ewigen Mittelalters, das um die Juden webt: die Fülle der Erschlagenen aller Opfertage und Pogrome tritt ein, alle Bethäuser sind gepreßt voll Seelen, die um die Kerzen wehen. Unendliches Leid saugt dem Menschen am Herzen; zum furchtbaren Gefühl des Lebenden von seiner Vergänglichkeit tritt das Grauen vor der Roheit des Mitmenschen, der sich in jeder zornigen und gehässigen Erregung auf den Wehrlosen stürzt, mit der physikalischen Treue des Gesetzes vom geringsten Widerstand. Und hier, um den wehrlosen Juden, ist die Glorie des stets Geopferten entfacht. Am neunten Ab, mitten im Glanz des europäischen

Sommers, knüpft der Jude die Kette, die ihn an alle seine Toten bindet; er besucht die Friedhöfe und sieht die Steine, die von den Vergangenen künden. Die Trauer und die Verzweiflung sind an die Stelle der Freude und Erntelust getreten; hier lebt der Jude so heftig im Wirklichen des Untergangs, wie kein Westvolk das vermag. Das Gefühl nationalen Bedrohtseins, welches den Besiegten und Gelähmten des Weltkrieges so schwach pulst, daß von wahrer Volkstrauer überhaupt keine Spur im Öffentlichen zu merken war, dieses Gefühl flutet im Juden echter als Fremden vorstellbar. Denn die Trauer des Juden, unvergänglich über Jahrtausende und mit der furchtbaren Gegenwart ganz eins, wird ihm zugleich fruchtbar: sie wendet sich gegen sein eigenes Sein und Wesen; und wenn er auch aufschreit um Erlösung und im Hasse gegen den Schänder und Mörder: zuvörderst schlägt er doch an seine eigene Brust; er hat sein Ziel und seinen Weg verleugnet, hat gegen den Geist gesündigt, er ist der Urquell selbst des Leidens und der Schmach, nicht die Anderen, die Fremden, die Feinde! Wie hätten sie ihn, den Juden und Diener Gottes, schlagen und töten können, wenn er sich nicht elend von seinen Quellen entfernt und sein gebotenes Wesen verraten hätte! Diese Wendung, Zeichen nationaler Würde, jüdischer Aufgabe und menschlicher Reife, zugleich aber Quelle der Erneuerung und ewiger Wiederaufrichtung: diese Wendung, so scheint es, versteht der Europäer nicht, zum mindesten nicht der Deutsche, der wie besessen auf fremde Ursachen seines Unheils starrt und nur schwankt in seinem Hasse, ob er sich gegen den Engländer, den Franzosen oder — den Juden wenden solle ... Das physikalische Gesetz des geringsten Widerstandes ist auch in ihm dreimal wach, noch heute. Arme Besiegte ohne die Frucht der Niederlage ...

Der Jude trägt seine Vergangenheit mit sich, gebeugt aber

Das ostjüdische Antlitz.   5

unermüdlich. Er neigt seine starken Schultern, Lastträger
Gottes der er ist, und mit gebogenen Knien schreitet er langsam dem Ziele zu, das ihm gesetzt ist, Vergangenes in die
Zukunft zu tragen. Denn es ist keine leere Last, kein ödes
Eisen der Eroberung, kein fruchtloser Stein; es ist nährende
Frucht seiner geistigen Erde. Am Abend wird er sie nieder-
setzen und sich hinlegen, um zu sterben; denn er will ruhen.
Aber wie er sie von seinem Vater übernahm, soll sein Sohn
sie weitertragen. Überlieferung ist das Wort, das seine Last
und seine Nahrung aussagt. Mit unvergleichlicher Kraft belebt sich ihm das, was anderen Völkern längst völlig unwirk-
samer Ballast wäre. Ihm nämlich wird sie, dem Volk ohne
Land und Grenze, zum Bürgen der heiligen Dauer, und Dauer
wieder, nach vorn unbegrenztes Leben auf der Erde, ist ihm
zwar zunächst ein Selbstwert, vor allem aber der Träger der
göttlichen Erfüllung. Wie ein furchtbares Eintreffen prophetischer Flüche sieht er die Gegenwart und die nähere Vergangenheit — näher nämlich für ein Volk mit sechstausend
Jahre langem Bewußtsein; da sind die Abirrungen eingetroffen, die Müdigkeit des Gottesdienstes, der Selbstverlust
und die Lust und Sehnsucht nach dem leichten Leben der Anderen; aber mit ihnen grauenvoll eingetroffen der Fluch und
die Rache, Haß, Blut und Tod, Verächtlichkeit und Schmach,
Jagd und Aussaat über die ganze Erde — alle Worte der Propheten, ihre schlimmsten Träume und maßlosesten Verwün-
schungen. Und aus ihnen zieht der Jude die grenzenlose Ge-
wißheit, auch der sanfte, linde, selig verklärende Teil dieser
Reden werde eintreffen, das Furchtbare der Gegenwart mit
grauenvoller Trostkraft verbürgt die Glorie, die da kommt.
Und da er Jude ist, und also weiß, wie tief des Menschen mit-
wirkende Verflechtung in sein Geschick ist, daß nämlich der
waltende Herr ihn gewürdigt hat, das Werk der Erlösung

mitzuwirken, und nichts von oben herabgegossen wird, sondern im Mute und Tun des Menschen die Mitgift des Heils liegt, vernimmt er die Aufgabe, mitzubereiten was dereinst kommt, indem er vor allem dauert, nicht erlischt und nicht verfließt. Hier gibt es für ihn keine Grenze des Nationalen und des Religiösen, sondern die Einheit Volk als Träger und Helfer der göttlichen Gnade. Und so darf von der Überlieferung kein Bröckchen abgebrochen werden, denn dann ist kein Halten mehr. Jede seelische Vorsichtsregel ist hier erlaubt, wo es gilt, das Gebäude, die chinesische Mauer um das Volk, zu stützen; die geringsten Gebote noch, deren Ausübung an sich vielleicht schon sinnleer erscheinen könnte, werden von diesem großen Sinn her belebt und unaufgebbar. Man bittet um Taufall und Regen zu Zeiten, wo nur in Kanaan Tau und Regen Notwendigkeiten sind, ohne einen Acker Landes zu besitzen: man behält das Mannbarkeitsalter des Knaben bei, ohne daß, in europäischem Klima, die körperliche Voraussetzung dafür da wäre. Man hütet sich, die selbständige Stellung der Frau, die im gelebten Leben längst Fakt ist, religiös anzuerkennen. Und da Kinder die Bürgen der Dauer sind, ist noch dem größten Elend, das durch geborene Kinder immer größer wird, große Kinderzahl ein Segen. So wird die Überlieferung, das Gesetz und die Lehre, Zentrum des Lebens, und der wilde Widerstand, das tiefe Mißtrauen begreiflich, mit dem jede Bewegung kämpfen muß, die versucht, den Bann des Gesetzes zu lockern, weil sie sicher zu sein glaubt, die Fortdauer des Volkes und vor allem die Lösung seiner ewig jüdischen Aufgabe: Heiligung des Lebens, auf anderer Basis feststellen zu können.

Solche Bewegungen des Volkes hat es stets gegeben. Denn das Leben, die Lebenskraft des Volkes selbst warf sich von Zeit zu Zeit gegen die Mauer der Tradition. Muß es doch unmöglich scheinen, daß eine solche Umpanzerung mit starrer Vergangenheit ein Volk von so unerschöpflicher Lebensfülle, von so zäher Daseinsfreude für immer sollte bezwingen können. Die Kraft des Kerns und seine Lebendigkeit selbst haben allen diesen Befreiungsversuchen, so verschieden sie unter sich sein mochten, Wirkung und Fülle, Widerhall und Existenz gegeben; von ihr her empfingen das nationale Judentum und die sozialistische Bewegung, die Aufklärung (Haskalah) und der Chassidismus ihre Werbekraft. Die drei ersten dieser Bewegungen, im Westen entstanden, griffen auf das Ostjudenvolk nur über; die vierte, unvergleichliche, aber brach aus ihm selbst: der Chassidismus. Heute weiß man im Westen von ihm vor allem aus den Veröffentlichungen Martin Bubers, die ja erst im Anfang stehen, und die, niemand weiß es besser als Buber selbst, vorläufig erst im Erklärenden, noch nicht im Gestalteten den adäquaten Ausdruck bekommen haben, so rein und leuchtend die Umrisse des Baalschem, jenes erschütternden und ganz reinen Menschen, und seines Urenkels, des Rabbi Nachmann von Bratzlaw, in den beiden Büchern enthalten sind, die uns dieser unser Lehrer gegeben hat. Ihm, dem wir so viel mehr noch verdanken, danken wir auch die Deutung dieses religiösen Phänomens, das im Ostjudentum noch heute ein Leben hat, wenn es auch nicht mehr jenes echte ist, das vom Baalschem und seinen wirklichen Jüngern einst ausging. Der Urgrund des Judentums, jene von den Essäern gelebte buchstabenlose Frömmigkeit des Tuns, brach wieder ans Licht. Nicht das Lernen, sondern das tätige innige Leben, nicht das Buch, sondern Mensch, Gemeinschaft und Natur wurden wieder Primat des jüdischen Daseins. Und so treffen wir heute noch — aber in den Gegenden, in die uns die Schickung des Krieges brachte, nur vereinzelt — jene Juden, die von der Reinheit,

Heiterkeit und Schlichtheit umweht scheinen, mit der die chassidische Lehre gegen die Gewalt des Forschens auftrat. Sie gibt dem schlichten reinen Menschen des Alltags, des tätigen Lebens, den Schimmer des Gottgefälligen wieder. Wer in Hingabe und inniger Demut seinen Menschenbrüdern liebevoll und dienstfroh zugewandt, nicht vereinzelt, sondern als Glied einer Gemeinschaft fühlend, reinen Geistes und mit reinen Händen, seinem Werktag nachgeht, ist vor dem Höchsten nicht geringer als der Tag und Nacht Forschende. Dieser simple und ungelehrte Jude, der mit ganzer vom Gewinn unverzerrter Seele beim Strumpfwirken ist oder beim Wiederherstellen von Uhren, auch er ist gerechtfertigt, auch er dient Gott. Und durch diese Wendung ward das Leben dieser einfältig Tätigen mit einem Male erlöst und geweiht; die unaussprechliche Heiterkeit des guten Gewissens ward ihnen wieder; ja, die Freude trat zu ihnen und verklärte gerade diese Belasteten und Armen zu einer warmen Menschlichkeit und Würde, die unvergleichlich ist. Sie tönt in den oft wortlosen Tänzen und Melodien der Chassidim mit einem bezaubernden Rhythmus; sie spricht aus ihren Bewegungen und gelassenen Mienen noch heute. Sie haben zu alledem noch den Helfer und Fürsprech, der sie in den schweren Zweifeln des Lebens tröstend berät: den Zaddik, den Erwählten und Geheiligten, dessen Gebet eine magische Wirkung hat, der den Willen Gottes spüren und sogar wenden darf ... Eine ungeheure Erlösung bringt diese Lehre in das harte Leben des armen Juden und noch ein Letztes — einen Abglanz der großen Natur. Denn sobald der Baalschem und seine Jünger das Entzückende der Erde wieder entdeckt und in seine gottfrohe Würde eingesetzt hatten, konnte solches wohl verdüstert werden, aber verloren ward es nicht; denn diese kleinen östlichen Städte, eingebettet in Natur, mußten ja wieder und immer

neu die Helligkeit des Feldes im ersten Grün verspüren und die befreiende Luft, die aus den Wäldern wehte. Von der mystischen Lehre des Chassidismus ging wenig verdüsternde Erdverneinung aus; der Kampf der menschlichen Seele blieb auf die irdische Tat gerichtet, und selbst die Seelenwanderung, die sie aufnahm und ausbildete, bewirkte Erdbejahung: denn wenn auch Ziel war so zu leben, daß man nicht von neuem in den Kreisgang der Wesen einzutreten brauchte, sondern in die Gemeinschaft der Reinen erlöst einging, blieb doch unser Dasein auf der Erde und seine Verrichtungen der einzige Weg dies Ziel zu finden, und darum durfte es nicht in Krampf und düsterer verneinender Buße hingebracht werden — denn niemand kennt den Grund seiner Wiedergeburt — sondern in hingebend reiner menschenliebender und die Verrichtungen der Hände fromm machender Tätigkeit. Was damit für das Ostjudentum ausgesprochen wurde, kann nur ermessen, wer die Größe des Anteils werktätiger Berufe unter den Juden weiß. Man sollte eigentlich den stupiden Reden über das Händlertum des Ostjuden nicht so viel Wert beimessen, daß man die noch dazu überholten Zahlen anführt, die uns über die Verteilung der Berufe durch die letzte russische Volkszählung gegeben werden: nach ihr waren Handwerker, Arbeiter und dergleichen produktiv Schaffende mehr als 53 v. H., Händler und Vermittler 31 v. H. aller selbständigen Juden — dies aber in den durchaus abnormen Zuständen der mit Juden übersättigten Westzone des ehemaligen Reiches. Sprechender noch sind die Zahlen dort, wo der Jude freier wählt was er tut, in New York etwa, wo um 1900 Handwerk und Fabrikation unter ostjüdischen Einwanderern 61,08 v. H. Männer und 71,80 v. H. Frauen beschäftigte gegen nur 38,04 v H. und 36,07 v. H. der Gesamtbevölkerung. Und nur bemitleiden kann man denjenigen, der aus den dreifach kranken

Zuständen der Okkupation etwas über die Lust oder Unlust des Juden zur Arbeit orakelt. Gehen wir lieber wieder in unsere Sphäre ein: der Jude des Ostens ist breit auf Arbeit gestellt, auf Handwerk vor allem, weil er, um sich ganz als Lebender zu fühlen, ein Heim haben muß, in dem seine Tätigkeit sich, und nicht in einer unpersönlichen Fabrik, vollziehen darf. Dieser Schuster, der in einer noch so kleinen Werkstatt seine Sohlen hämmert, ganz vertieft und verloren in das Glück des Arbeitenkönnens, das ist der wahre Jude des Ostens. Denn ein Tätiger muß schon fast vergewaltigt sein, um nicht mit dem ganzen Körper, mit Augen und Muskeln lebendig sein zu wollen; und im niederen Volk ist ja das Leben noch nicht entartet; zur Existenz des Händlers (und des Lernenden) aber gehört die Verkümmerung der Freude am Auswirken des Körpers. Arbeit ist in jedem Sinne das Gegengift gegen Sorge; das Vertrauen auf Gottes Hilfe ist niemals im Ostjuden zum Verwerfen der Arbeit ausgeartet; sie vielmehr und ihre Frucht sind die Träger der göttlichen Hilfe. Und erst, wer nicht mehr arbeiten kann, wer betteln muß, ist wahrhaft verlassen und arm . . . Dabei ist kaum zu erwähnen, daß die Arbeit des Juden redliche und treue Leistung ist. Gelernt haben was man tut, und so gut als möglich verrichten was man gelernt hat: diese Handwerker-Gesinnung, die ja nur in eine hohe Sphäre gehoben zu werden braucht, um dem Geiste des wahrhaft Schaffenden, des Künstlers, nahe zu sein, ist im Ostjuden lebendig wie in jedem Handwerker; auch sie religiös begründet und geweiht. Wer seine Zeit mit fruchtloser oberflächlicher Geschäftigkeit vergeudet, vergeudet sein Leben und vertut das, was ihm zum Dienste Gottes gegeben ward; er ist ohne Verbundenheit, der Betrüger hat keine Gemeinschaft. Daher wird man weit eher über die Unpünktlichkeit des ostjüdischen Hand-

werkers zu klagen haben — wie jedes Handwerkers — als
über schlechte Arbeit; weil man ja gern Eile verspricht, die
dem Besteller immer wichtig ist, und die man auch gerne
leisten möchte — wenn nicht die ausgeführte Arbeit immer
mehr Zeit brauchte als die vorgestellte . . . Es ist ein oft ent-
zückender Humor um diese altmodischen Männer, die hinter
der europäischen Zeit ein gutes Stück zurückbleiben; in vielen
Städten des Ostens, den großen besonders, hat sie der Pole
überholt, der auch als Klein-Industrieller das moderne Tempo
und die Maschine viel leichter in seinen Dienst nimmt als der
Jude, dem die abschnürende Gesinnung der Zeit — Arbeit
ohne Geist, ohne seelische, mit nur intellektueller Beteiligung
— so sehr viel langsamer in die Lebensführung eindringt. Arbeit und Seele: hier sind sie noch verbunden; ein gesinnungs-
haftes Element ins Leben tragen, dem man ohne Unterbre-
chung angehört, ob man nun arbeitet oder sinnt, betet oder
sich sorgt, das ist der Bürge der Glanzheit. Und so zerspalten
die Seele des Juden sein mag in ihrer großen Dualität von
Gegenwartselend und Zukunftsfreude, hierin ist sie nicht ge-
teilt, sondern ein Rest von Fülle und Einheit macht aus dem
Arbeitenden einen Menschen — einen von Gott geschaffenen
Menschen.

Einen allgemeinen Fluch der Zeit aber und der Arbeit trägt
auch der Jude: er ist häßlich geworden. So oft auch die Schönheit adligen Geistes sein Gesicht verklären mag mit der Helle
einer vertieften und hohen Stirn — sein Alltag ist mit Düster-
keit, Farblosigkeit, Schmutz und Armut verderbt. Da seht
ihn, vor seinen Karren gespannt, mit der Schulter ins Ge-
schirr drängend wie ein Pferd mit seinem Bug, die Fäuste um
die Deichsel gelegt, als wären sie ein Teil seines Geschirrs;
das Tier im Joch ist schöner als er, so arm und abgetrieben es
auch sei; ja noch der Karrenhund, der mißbrauchte Renner

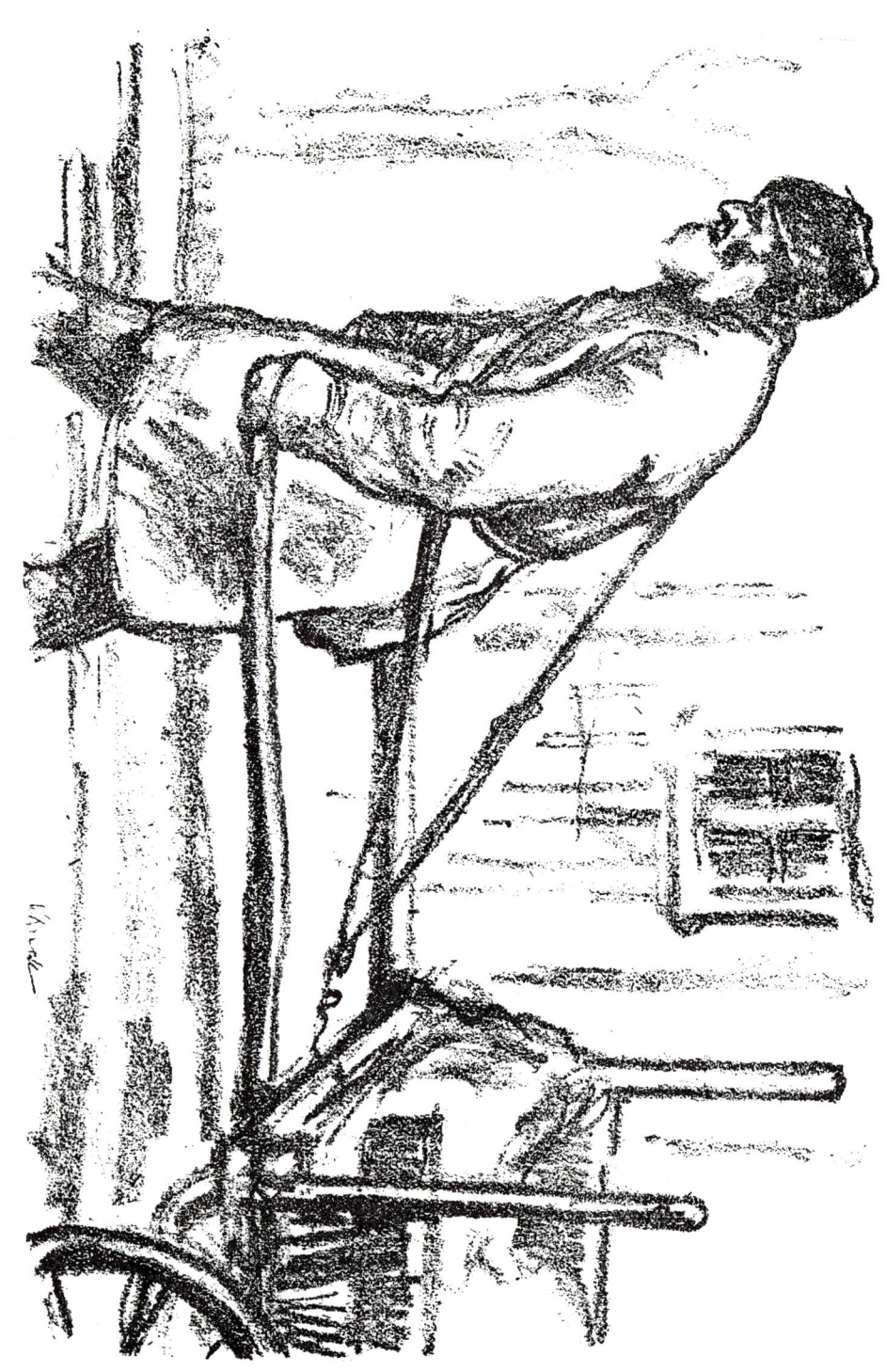

der Steppe und der gefangene Jäger, hat mehr Anmut als er. Die Schönheit des Menschen, die befreiende und vergöttlichende Leuchte, ward in ihm unsichtbar unter einer dicken Asche. Sie ist im Leben des Ostjuden keine wirkende Macht mehr, sie, die im Urjuden so stark war wie biblische Gesänge sagen. Nur die jungen Mädchen und die Kinder haben sie noch; aber das ist hier nicht gemeint. Schönheit des Lebens nämlich als Sehnsucht, als Ziel, ist dem Ostjuden verdächtig; er wendet sich scheu oder erbittert von ihr ab. Sie ist Griechentum; sie ist die Maske des „bösen Triebs", sie ist der Feind. Sie ist Sinnlichkeit und Freiheit. Sie bricht das Gesetz, sie lockt den Menschen in fremde Lebensformen, sie ist der Kürzer der Dauer. Um ein so hohes Gut wie Dauer zu erkaufen, muß man hoch opfern; und diese Seite des Daseins, die leuchtendste, wird geopfert. Sie ist es ja, von der alle Anfechtung des Lebens kommt, sie verführt die Jugend. In erotischer Sinnlichkeit das Böse schlechtweg zu sehen und die Schönheit des Lebens mit hineinzuwerfen in die radikale Abkehr von ihr: das ist die furchtbare Optik, die das späte Judentum in die Welt gebracht hat — die Kehrseite einer Spiritualität, die von nordischen Völkern aufgenommen wurde, die aber erfunden zu haben bei einem Mittelmeervolk unheimlich und drohend wirkt. Der „Epikuräer", der „Apikojres", ist dem Juden der Abgefallene und Verdammte an sich. Dieser Kampf und Krampf gegenüber einem so lebenverherrlichenden und strahlenden Phänomen sagt ja, wie stark im Juden der Antrieb dazu noch immer ist; nur daß ihm das gute Gewissen, Mut, Freude, Bejahung vor ihm völlig und wild ins Gegenteil umgeschlagen sind. Sobald dieser Dämon auftaucht, verliert der Jude Haltung und Besinnung; er fühlt, daß ihm, wie er heute ist, der Spaten an die Wurzel gesetzt wird. Freiheit des Lebens, Schönheit des Lebens: das ist der Verzicht auf die

Zucht Gottes. Wer glücklich leben will — glücklich im Sinne des freien antiken Menschen — ist verflucht; wer seine Persönlichkeit spielend und rein ausbreiten will auch im sinnlichen Bezirk des Lebens, der hört auf, zu Gott zu wollen. Mit allen Trieben kann man das Leben heiligen: nur mit Sinnlichkeit und Schönheit nicht. (Der Baalschem empfand das Gegenteil.) Und so kennt der Ostjude der alten Generation nur eine Freiheit: die des Verzichts. Ein Nachgeben in diesem Punkte ist ihm undenkbar. Das Sinnliche ist ihm unrein geworden, sofern es nicht in die Ehe geleitet wird, um des Zeugens willen; alle Forderungen moderner Sittlichkeit, welche als Ehe nur die wahre menschliche Gemeinschaft gelten lassen, die ohne die Verführung einer nur in ihr stillbaren Sinnlichkeit, um der Verbundenheit willen eingegangen wird, lehnt er mit einer so zornigen Heftigkeit ab, daß hier Verständigung unmöglich wird. „Schönheit" auf einen Juden angewendet —, „ein schöner Jude" — sagt aus, daß dieser Jude frommen, mildtätigen, reinen Gemüts ist, der Thora zugetan, dem Lernen ergeben, auf Gottes Willen eingestellt; Schönheit ist lediglich der Seele erlaubt. Der Körper des Menschen aber ist seine Verführung, Versuchung, sein Übel. Er existiert im wahren Sinne nicht. Er ist ein Tier, auf dem die Seele zu Gott reitet, ein störrischer, zu peitschender und in Hunger zu haltender Esel.

Nun gibt es auf diese Tatsache eine Unendlichkeit von Perspektiven, und es scheint nicht möglich, sich mit ihnen allen zu befassen. Man kann soziologisch sagen, daß diese Häßlichkeit typisch kleinbürgerlich sei: der Ostjude ein Volk des geringeren Mittelstandes und von hier aus alles ableitbar. Man kann auch darauf verweisen, daß diese körperliche Häßlichkeit des Juden ein Dorian-Gray-Phänomen sei: an ihm werde die Seelen-Häßlichkeit seiner Knechter, Peiniger und Verfolger leibhaftig. Jeder häßliche und scheu schleichende Jude sagt dem Jäger Edom: Ich bin du; sieh deine häßliche und verzerrte Seele auf mir ausgebreitet. Aber wir, hier nicht so sehr erklärend als beschreibend, darlegend was lebendig ist, gedenken nicht die Apologie des Juden zu betreiben. Wir müssen vielmehr von dem Supplement dieser Schönheitsfeindschaft des Juden reden, der positiven Hälfte dieses gegen-natürlichen Wertens, aber kurz, denn sie ist allzu unbestritten: der Ostjude hat das Geschlecht gebändigt, er hat auf der Basis dieses starken und stürzenden sexuellen Triebes ein Gebäude der Sittlichkeit des Handelns errichtet. Nicht wie du willst, sondern wie ich will, spricht er zum Triebe. Und man sehe nur diese Männer, diese breiten, schweren, mächtigen Fuhrleute, Packträger oder Schmiede! Wie diese schwarzbärtigen Kerle sich mit dem Dämon herumschlagen, der so stark ist wie sie! Dies stiernackige und keineswegs intellektualisierte Menschenvolk mit wachen und gierigen Sinnen — und dann vergleiche man, dann vergleiche der Westen, der so oft vergleicht, diesen jüdischen Mann in Männergesellschaft mit Nichtjuden gleicher Klasse. Es kommt gottlob oft zu drolligen Derbheiten, aber es kommt nie zur Zote, zu jener geistlosen, stinkenden Zote, die den deutschen Stadt- und Landarbeiter auszeichnet (Anmerkung eines Armierers). Der Jude beherrscht das Geschlecht; die Frau ist ihm nie das wandelnde Geschlechtsorgan wie dem andern, sondern ein Mensch. Hier ist eine Reinheit des Empfindens allgemein, die mit Verdrängung nichts zu tun hat. Wir wissen ja, wie heute jede Zucht und sublimierende Beherrschung eines Triebes, und besonders dieses Triebes, von Dilettanten des Seelischen — und wie breit ist diese Sippe heute — mit seinem Gegenteil, der Verdrängung, verwechselt wird. Nun ist hier nicht der Ort, nachzuforschen, wieviel echte Verdrängung den Bau des Juden

unterhöhlt, und ob nicht an den Affekten der Schönheitsfreude und des Durstes nach Auswirkung in der äußeren Welt, nach Ansehen, Macht, freier, leichter Leiblichkeit wirklich Verdrängungen gefährlicher Art vollzogen worden sind; (hier liegt vielleicht soweit er von ostjüdischen Einzelnen bejaht wird, eine Quelle des bolschewistischen Terrors bloß); nur gerade dort, wo ein Trieb streng fixiert, in seiner Existenz anerkannt und nun in die Kandare genommen wird, darf man von Verdrängung nicht reden, sondern von Zucht und Kultur. Ja, das Geschlecht, dieser zerstörende, menschenjagende Dämon der bürgerlichen Welt ist hier ohne Seitengasse und Ausflucht gezwungen worden, aufbauende Arbeit zu leisten; er, der in der Form der Freiheit die Dauer sprengen möchte, muß sie gerade gewährleisten. Er ist ganz in die Ehe geleitet worden; davon wird noch zu reden sein; und so sicher es ist, daß individuell bereichernde Lösungen vorkommen mögen des Problems der Bejahung und Fruchtbarmachung von Affekten: kollektiv, für eine Menschheit, ist noch keine tragendere gefunden worden. Denn die Teilung der Lebenssphären, die dem antiken Griechen so herrlich und dem modernen Europäer so grotesk geriet, ist dem in die Einheit stürzenden Juden nicht beschieden.

Das ist aber evident: auf solchen Grundlagen konnte sich weder gesellschaftliche Kultur noch schaffend oder aufnehmend ein starkes Verhältnis zur bildenden Kunst, ja, zur Kunst überhaupt, gestalten — mit alleiniger Ausnahme der Kunst, die im Buch und auf der Bühne wirkt, zur Dichtung und Literatur. Der Strom, der aus dem Geiste direkt quillt, der gelesene Strom konnte sich auswirken; der Geist aber, der in den Masken der Formen spricht und der die Sinnlichkeit des Lebens hell entfaltet, mußte, als Schöpfung wie als Geschmack, notwendig mit der Puritanisierung des Sinnlichen

verkümmern. Im Ästhetischen ward der ostjüdische Schöpfer-
trieb Gast des Westens, ein lange unsicherer und verlegener
Gast. Es gibt erst seit kurzem ostjüdische Maler vom schöpfe-
rischen Rang Mar Chagalls und noch kaum Bildhauer, Archi-
tekten und selbst Kunstgewerbler, wie doch schon lange schöpfe-
rische Dichter; gibt auch keinerlei sicheren und treffenden Geschmack des Publikums auf diesem Gebiete, wie es ihn im Li-
terarischen sehr wohl gibt. Und so tief verliebt der volkslied-
haft zeugende Ostjude in Kultur-Musik ist: für die große Musik hat er das Organ nur als Einzelner. Er, der die Abstrak-
tion des Denkens so wohl beherrscht, versteht noch wenig den
Unterschied zwischen dem singenden Weltgeiste in der deutschen Musik und aller anderen; er setzt ihn der singenden
Sinnlichkeit des neueren Italieners gleich; und am nächsten
noch steht ihm jene musikalische Sphäre des Elegant-Melan-
cholischen oder Rassig-Gewinnenden in der ungenialen Art,
die im Osten selbst Polen oder Russen hervorgebracht haben.
Die weltlichen Festlichkeiten der Ostjuden haben keine eigene
Prägung — ausgenommen wieder alles, was um Eheschließung kristallisiert ist — und unterscheiden sich von anderen
bürgerlichen Veranstaltungen nur durch Überlastung mit Dar-
bietungen, Unzulänglichkeit der einzelnen Leistung und Stil-
losigkeit der Zusammenstellung; die Möbel ihrer Häuser sind
ganz und gar unempfundener westlicher Import aus schlimmsten Tagen, die Geräte des Lebens nicht minder, und wenn
die Männertracht durch den langen, altdeutschen Rock (Kaf-
tan nennt man das ja wohl im Westen) noch eine eigene Ge-
staltung hat, zu der die festlichen pelzverbrämten Strejmel
würdevoll beitragen, ist die Frauentracht einfach Warschauer
oder Wiener Westen, allgemeiner Westen, oft mit guten, oft
mit bösen Allüren getragen, und von einzelnen Jüdinnen mit
viel Takt und Sinn für nicht das Schöne, sondern den Schick

erzeugt. Und Manieren, Lebens- und Umgangsformen sind nur in jener unbekümmerten und naiven Natürlichkeit da, die man ohne ausdrückliche „Kinderstube" bekommt — Herzlichkeit zwar und feines Empfinden bei wirklichen Anlässen Takt zu zeigen; aber zur Verzweiflung des Westjuden, der seinerseits nicht geneigt ist, von „Manieren" und „Takt" abzusehen, weil er sie sich ja eben erst schwierig genug eingebläut hat — der einfache Ostjude ist nicht „fein". Man denke! Er redet sehr laut, kennt keine Distanz und Zurückhaltung, er schmatzt und schlürft bei Tische, er steckt das Messer in den Mund... Der Westjude fällt in Ohnmacht vor Scham, denn der Nichtjude könnte ihn mit jenem verwechseln oder identifizieren! — Eine drückende Enge liegt auf all diesen Bereichen menschlich-lebendiger Auswirkung, und nichts verlockt so stark zur Flucht aus der jüdischen Umwelt als der Glanz, die Helligkeit und Weite, die das europäische Leben trotz all seines Zerfahrenen und Gefälschten vor dem Ostjuden ausbreitet, der es kennen lernt. Aber ach, wir wissen selbst sehr wohl, daß die Anklage, die in diesen Feststellungen liegt, nur wenig Recht hat, laut zu werden. Denn der Ostjude ist wahrhaftig dieser Mensch, der an die Maschine gefesselt ist, der mit gekrümmtem Rücken, ohne Luft, Sonne und Muße unermüdlich tretend und verkümmert das schmale Brot des Tages schaffen muß. Das Rad surrt, der Staub fliegt auf, die Augen, rotgerändert vor Ermüdung, tränen schon, aber in der Überfülltheit der „Tscherta", wie in den unfreiwillig-freiwilligen Ghetti New Yorks und Londons hilft nur die Rastlosigkeit selbst zum Brote. Wo Juden sind, werden Juden nicht Hungers sterben, fühlt der Ostjude, indem er diese neuen Ghetti aufsucht; vom fremden Blute hat er nichts als Feindschaft zu erwarten. Und so liegt über einem ganzen Volke die armselige und trübe Atmosphäre unerlös-

6*

baren Kleinbürgertums, wo nicht die schrecklich ausgeraubte und trostlose des Proletariats. Alle schaffenden Kräfte dieses Volkes vermögen nur nach innen zu schlagen, ins Ethische abzuströmen; die Erdfreude, das liebe Leben, von der göttlichen Freiheit verschönt und Menschenwürde schon außen in Gehaben und erfreulicher Breite des Daseins zur Schau bringend, bleibt abgeschnürt durch Mangel an Nahrung und Mangel, vor allem, an Raum. Und dabei müssen wir, vom unbarmherzigen Auge des Volkwollenden geleitet, diese Grausamkeit noch segnen; denn wenn dem Ostjuden plötzlich jede Hemmung von außen genommen wäre, wenn ihm der Raum beliebigen Landes in der ganzen Breite des östlichen und westlichen Kontinents offen stünde: so groß ist der Überdruck des Elends, der Not und der drängenden, lebenwollenden Kräfte, daß nichts dafür bürgt, es werde der Ostjude nicht explosiv ausgesät werden, wie der Samen einer platzenden Frucht, und die letzte geschlossene Volkheit der Juden zu Individuen ausgebreitet werden. Der Haß der Völker ist eine Form politischer, bewahrender Vorsehung ...

III.

Das sind die Häuser der jüdischen Gasse: zermürbt, vergilbt, gebrechlich — aber so haben sie schon vor zwei Generationen ausgesehen, und es ist nicht zu berechnen, wie lange sie noch stehen werden, wenn nicht das Feuer sie vernichtet. Sie haben keine anmutende Gestalt sofern es nicht degradierte Paläste oder die Häuser alter Bürgerfamilien sind; auf einer formlosen Fassade, roh und kraß hingestellt von der Notdurft billigen Bauens und dem Mangel baulichen Fühlens, hinter der alle Welt wohnen kann, sitzt ein Giebel, kunstlos und dreieckig; geht eine Haustür in die Straße, so liegt meist ein düsteres Lädchen hinter ihr, oft aber betritt man das Haus vom Hofe her, in dem stets der grüne Rasenstreifen von der treuen Natur vorgesehen wurde und in dem noch öfter Bäume, freundlich atmende Bäume stehen. Die Fensterläden hängen nicht sehr mathematisch in ihren Angeln, gelegentlich klebt ein Papierstreifen über einer angebrochenen Scheibe, alle Stufen wurden von Geschlechtern hohl getreten, die Rauchfänge zeigen nur selten öde sinnlose Kuben sondern sitzen physiognomisch auf den Dächern — unter ihnen aber um den Ofen liegen Stuben, wahre bewohnte menschenvolle Gehäuse des Lebens. Sie sind arm, sie entbehren des Geschmacks; aber sie sind ganz übersponnen von einer über jede Unordnung siegenden Heimlichkeit.

Es scheint in jedem Volke zwei zentrale Bindungen zur Gemeinsamkeit zu geben. Die eine, in der sich die schaffenden, Leben formenden und bewältigenden Kräfte sammeln,

und die andere, die der zeugenden, Leben weitergebenden und bewahrenden Mächte. Jene ist seit sehr früher Zeit eine Gemeinschaft der Männer — obwohl die Gestalten der Mirjam, Moses Schwester, und der Deborah klar dartun, daß dem Juden eine Zeit noch irgendwie gegeben war, die der Frau eine zentrale Stellung innerhalb der aktiven öffentlichen Gemeinschaft ermöglichte. Im Ostjudentum mögen das Bethhamidrasch, das Beth-Am und der Waad die Orte sein, an denen diese Männerangelegenheiten, das öffentliche Leben der Gemeinde und auch die Spiegelung des allgemeinen politischen Weltlebens im Tätigen, die Besprechung und Belebung der „Lern"fragen (Gemara und ihre Literatur, Fälle des talmudischen Rechts u. s. f.) im Abstrakten die Atmosphäre ausmachen. Der Ort der anderen Bindung ist das Haus, ihre Form die Familie.

Familie und nicht Ehe ist das entscheidende Wort. Denn Ehe ist für uns ja die Bindung von Mann und Weib, eine geschlossene Beziehung, der Selbstwert zukommt und in der die innigste Form der Gemeinschaft gelebt wird, die denkbar ist; deren Werte: Einheit, Reinheit, Lebensfülle, Menschwerdung, in diesem Bündnis von Zweien selbst verwirklicht werden. Die Tendenz auf Dauer, die ihr innewohnt, bezieht sich auf sie selbst, nicht auf irgendeine andere Gemeinschaft (Nation, Menschheit), ihre Unauflöslichkeit ist lediglich eine Frucht der verbundenen Gesinnung. Nachkommenschaft ist nur eine Funktion dieser Ehe, nicht ihr Wesentlichstes; auch ohne Kinder ist die echte Ehe geschlossen. Nicht so die Familie; und auf sie kommt es dem Ostjuden allein an. Ehe ist ihm nur eine Vorbedingung der Familie; eine kinderlose Ehe soll eigentlich nach zehnjähriger Gemeinschaft geschieden werden, weil Kinder ihre notwendige Bedingung sind. Kinder aber, die zu haben die wichtigste Gebotserfüllung des

Menschen ist, zeigen an, daß die Eigenschaft der Dauer hier dem Nationalen zugeteilt wird; die Familie ist die Zelle des Volkes, an der es wächst. Denn wenn Kinder auch die Verlängerung des Individuums in die Zukunft sind, und die Werte, besonders die vitalen und biologischen, der Elternreihen weitergeben; hier ist das Individuum selbst hauptsächlich vital gewertet und Träger der Verpflichtung gegen das Volk.

Familie: mit diesem Wort ist ein ewiges und Urwort des Menschen ausgesprochen, und nirgendwo zeigt sich heller die tiefe und unablenkbare Weisheit, die im Ostjuden noch Leben ist. Was heute gegen die Familie Sturm läuft — und vermutlich ist sie nie schärfer angegriffen worden als in diesen Tagen, vor allem nicht von Juden — sieht nur die kurze entartete und bröckelige Stirnseite dieses ungeheuren Grundsteines der menschlichen Gesittung. Denn die heutige Familie mag entartet sein, ist es vielmehr gewiß; aber welche Optik, die den vorübergehenden Verfall mit wahrhafter Zerstörung verwechselt ... Es gibt Mondphasen ewiger Gesittungsphänomene, sie nehmen ab, verlieren an Sichtbarkeit und Lichtstärke, scheinen zu schwinden. Aber in Wirklichkeit sind das nur Verdunkelungen und Vitalitätsrhythmen ewiger Wesenheiten. Nietzsche hat die Religion und Gott totgesagt, und man hat ihm geglaubt; und inzwischen wächst das religiöse Leben in den Besten stetig an, seine Neuform ist menschenverbindende Gesinnung, sein zugewiesener Ort das Diesseits der Seele und der Gemeinschaft. Man hat die Kunst ebenso totgesagt: und neue Kraftströme wachsen ihr aus dem Religiösen zu. Nicht anders ergeht es den ewigen Ideen, die sich im Leben der Gemeinschaft selbst darstellen: Volkheit, längst zum Untergang verurteilt, baut sich neu auf, entschlossen, sich der Gewalt und des Gewaltstaates zu entledigen; Menschheit, im neunzehnten Jahrhundert, dem des Nationalismus, ganz abgetan, wächst immer lebendiger ins Reale; und Ehe und Familie, jene vor zwanzig Jahren zersetzt, diese heute diskreditiert, tun desgleichen. Man muß nur ruhige und weitsichtige Augen haben um dies Wachstum zu sehen, und man darf einer Gegenwart nicht eine übermenschliche Gültigkeit zumessen ... Wir sind allesamt nicht so wichtig, wie wir glauben.

Denn wenn die Familie dies nicht wäre, nicht ein Ewiges und vor der Ewigkeit gerechtfertigt: wer ertrüge dieses Antlitz? Das ist die Frau des Volkes, die ganz der Familie geopfert wird, und die sich ihr darbringt. Wie das hornige und erschütternde Gesicht einer Schildkröte steht dies einst blühende Angesicht zwischen den Schalen des großen Tuches. Immer lastende Sorge heißt der Dämon, der die Frau so verwünschte, unablässige Arbeit der Zauber, der ihr die Hände dürr und hart und wie Gebein entfleischte. Die Züge dieses verfallenen Mundes hat die Not gekniffen; im harten Pergament der Haut stehen Augen, die nur noch das Nächste sehen können, das morgige Brot. Sie hat geboren und Kinder groß gezogen, mitten im Elend der Zeit hat sie das weitergegeben, woran sie nicht hat mitschaffen können. Aber dafür ist ihre Sorgfalt, ihr mütterlicher Instinkt, das ewig wache Herz in der Brust der beste Pfleger und Pädagoge der Kinder geworden; wenn ihr Geist nicht dazu reicht, die Probleme des so vielfachen und sich kreuzenden Jugendlebens zu lösen, so ist er doch um so stärker tätig, um die physische und biologische Voraussetzung zu erhalten, die der Jugend erst ermöglicht, ihr Dasein zu bestehen. Und das ist im Grunde das einzig Wichtige. Denn die Leiden der Jugend, Härte des Problems und Krieg gegen das Ratlose in ihr selbst sind schon bildende Kräfte der Erziehung; viel mehr bedarf es nicht, wenn ein Geschlecht von zukunftsvollen Menschen werden soll. Jeder

90

erzieht sich selbst am Leben; die plastische und erobernde Kraft im jungen Menschen wirft sich um so wilder gegen die Widerstände, je tiefer allein er ist. Alle Erziehung ist Einsamkeits-Angelegenheit, sofern nur die Instinkte des jungen Menschen ungebrochen sind. Und freilich darf keine allzu perverse Umwelt auf ihn lauern. Selbst ihr entkommt der Starke; aber man muß den Halbstarken auch erhalten, und hier ist der weise und leidenschaftliche Pädagog allerdings am Ort.

Was die Familie zu allererst befähigt, weitergebende Macht zu sein, und das Errungene und Lebensfrüchtige in die Zukunft zu tragen, ist zuerst die Erhaltung des körperlichen Fundaments. Und nun scheint es wirklich so zu sein, daß eine möglichst individuelle Gefährtenwahl dem Durchschnitt, dem Typus am besten dient. Nicht hochentwickelte Individuen tragen die Dauer in sich. Die alte Erfahrung, von den Arbeiten des Doktor Wilhelm Fließ jetzt genauer angeschaut, scheint gewußt zu haben, daß auch dem menschlichen Lebewesen nur eine begrenzte Dauer und Zeit zukommt — überindividuell gefaßt, in der Familie aufbewahrt. Je größer das einzelne Individuum ist, je mehr Lebenskraft auf die Ausbildung eines einzigen Menschen verwendet wird, um so eher erschöpft sich die Zeit dieser Familie. Daher ist die Dauer eines Volkes, diese unendliche Reihe aus der Dauer der Familien, dort am besten bewahrt, wo ein möglichst gleichmäßiger Typus den Stamm und Kern des Volkes bildet; wo Zähigkeit, Widerstandskraft und erobernder Elan in der Physis einen sicheren Boden finden. Begabung aller Art ist einem Volke sehr gefährlich, das unter so abnormen Bedingungen lebt wie das jüdische. Denn die begabten Menschen wirken, ungeduldig wie sie sind, ins Nächste, ehrgeizig wie sie sind, ins Breiteste: und mit beidem gehen sie auf Anschluß an die herrschende Kultur aus: sie assimilieren sich, und am häufigsten dort, wo sie in heftigem

Widerspruch zu ihrer Familie erwachsen, und der Ansprüche des Volkes an sie nur unter Protest gewahr geworden sind: wo ihre Begabung mit dem tapferen, zähen und volkstreuen Charakter ihres Volkes nur noch so zusammenhängt, daß sie tapfer, zäh und treu nur gegen ihre individuelle Aufgabe sind, aber nicht mehr imstande und reich genug, Bindungen so überbrückender Art wie Volkstum zu bejahen. So scheint die unpersönliche Art, mit der allgemein im Ostjudenvolke Ehen geschlossen werden, und die ja im allgemeinen Judentum noch sehr üblich ist, dem nationalen Sinn der Ehe in einem bedrohten Volkstum tief gemäß: körperliches Fundament für den Typus zu sein und dem Individuum einen Damm zu setzen, der es national entgiftet. Zudem ist ja die Liebeswahl in den tiefen und tragenden Schichten jedes Volkes sehr wenig auf individuelle, weit mehr auf Gattungswerte gestellt; und das Falsche des Vergleichens liegt auf der Hand, wenn man den durchschnittlichen Juden dank seiner höheren geistigen und ethischen Kultur stets mit dem gebildeten Bürgertum Europas vergleicht (schon in der Frage der Manieren und des Taktes kommt diese falsche Perspektive zur Geltung); da der jüdische Kleinbürger die tiefste Schicht der Ostjuden darstellt, muß man ihn neben den europäischen Bauern oder Arbeiter stellen: und dann sieht man klar, daß auch in diesen Schichten von einer sehr individuellen und persönlichen Gattenwahl nicht die Rede ist—auch hier nach allgemeinen vitalen Werten gewählt. Und wieder, wie überall, wird hier die Tragik unserer Lage offensichtlich: wir müssen uns national vor unseren Besten, den Trägern hoher persönlicher Werte, hüten; sie, die Art und Größe unseres Volkes am stärksten legitimieren und Stolz und Schmuck jedes normalen Volkes sind, werden uns gefährlich —um so gefährlicher, je häufiger sie entstehen, und je peripherer, kultivierter die Schichten sind, aus denen sie sprießen.

Was nun aber hat denn die jüdische Frau des Volkes von ihrem schweren und tapferen Leben für Dank? Was kann sie denn veranlassen, so gefaßt und still die Hände ineinander zu legen, und uns mit einem so rührend klaren Auge anzusehen aus all ihren Falten und Runzeln? Was gibt ihrem Munde trotz allem dies Beruhigte, diese gefaßte Heiterkeit? Sie verblüht, Orientalin, so schnell; die Armut weicht kaum zurück vor ihrer unverdrossenen Arbeit, welche von vielen Kindern in einem ganz engen Hauswesen sich stets erneuern muß, und die oft genug noch von der Verwaltung eines kleinen Ladens erweitert wird — was stützt sie? Dreierlei: die unbändige Lebenskraft, welche sie trägt, als erstes. Nur aus ihr erklärt sich die Tatsache, daß Juden immer noch so vital unbrechbar auf Erden sich ausbreiten können. So tief auch die Erschöpfung sei, mit der Generation um Generation der Männer vom Lebenskampfe aufgerieben wird, die Frau, geistig weniger angespannt, vom Lernen und der Schlaflosigkeit des Lernenden weniger zermürbt, dumpfer, pflanzenhafter in ihrem Geiste und in ihrer Phantasie, den allgemeinen weiblichen Instinkten viel reiner folgend, ist stets imstande gewesen, den Verlust auszugleichen, und dank ihres hemmungsloseren Temperaments alles auszusprechen, abzustoßen, unschädlich zu machen, was sie nur unterhöhlen könnte, wenn es verdrängt und eiterig in ihr schwärte. Das Zweite ist die tiefe, dankbare Treue, mit der ihr Mann dauernd ihr zugewendet bleibt. Weniger als jede andere Gattin braucht die Jüdin des Volkes zu fürchten, daß ihr eine Rivalin erwachsen könne; die Zucht der jüdischen antisexuellen Ethik hat hier etwas so Positives geschaffen, daß man ihre lebensfeindliche Beschattung wahllos mit hinnehmen muß. Treue des Juden, unabwendbare Einstellung auf das einmal gewählte und eingegangene, ja auf das kaum gewählte, fast diktierte Verhält-

nis zu Mensch, Gebot und Art ist ja eine Kardinaleigenschaft des Volkes — kein trübes, träges Verharren, eine stets erneute Zuwendung vielmehr gebiert wie in allen zentralen Beziehungen der Juden so auch in der Ehe diese Treue. Es ist ja selbstverständlich, daß in so angestrengtem und sorgenvollem Leben zwischen Eheleuten auch Zwist und Zank vorkommt; Schläge aber kommen nicht vor, oder nur als Unerhörtes. Der Jüdin fehlt der sonderbare Stolz auf das Beherrschtwerden durch einen so streitbaren und männlichen Mann, daß er seine Liebe durch Schläge und strenges Regiment äußert, wie ihr auch die rebellionslüsterne und erprobende Sklavenhaltung des entsprechenden Frauentyps abgeht; es ist eine tiefere Achtung vor dem gottnachgebildeten Menschenwesen in beiden; die Heiligung des Bündnisses zweier Menschen durch das Sakrament der Ehe ist hier keine bloße Formel und kein vergänglicher Vorwand ... Und das Dritte ist die große Achtung und Liebe der Kinder gegen die Eltern. Es kommt vor, daß in unserer Generation die Entfremdung der Jungen von den Alten sehr offensichtlich wird; aber selbst noch in diesem Kriegszustand, in der Art, wie er, ohne Roheit, als bittere Notwendigkeit, von den Kindern empfunden wird, liegt eine ganz andere und innigere Wärme als in gleichen Zuständen anderer Völker bei gleichen Klassenlagen. Die Selbständigkeit jüdischer Kinder hat in gewissen Beziehungen mehr Spielraum als die anderer; sie können ziemlich sicher sein, im Streben nach geistiger Betätigung, Schulbesuch und Lernmöglichkeiten von den Eltern nach Kräften, ja über deren Kräfte hin gefördert zu werden; dafür unterstellen sie sich in Angelegenheiten der Lebensgestaltung den Eltern länger als andere junge Menschen täten, und wohl erst seit neuerer Zeit schließen Söhne Ehen ohne die Wahl von der elterlichen Zustimmung abhängig zu machen — von Töchtern zu geschweigen. Es spielt zwischen den Generationen unbewußt die Beziehung der gemeinsamen Verantwortung vor einem Dritten mit: vor der Aufgabe des jüdischen Geistes, zu dauern; und bei den Kindern vor allem die Einsicht in die unendliche Mühe, Opferfreude und Selbstlosigkeit der Eltern. Darum ist die Mutter den Söhnen oft ein Idol; sie wird am Abend ihres Lebens verehrt und gepflegt, so gut es nur in den Kräften der Kinder steht; sie ist glücklich . . .

Im Verlaufe des Lebens allerdings ist ihre Beziehung zum Glück eigentümlich. Die Gesinnung des Juden ist alles andere als eudämonistisch; glücklich sein als Ziel des Lebens besteht ihm nicht. Wenn es im fünften Gebote heißt: Ehre deinen Vater und deine Mutter, auf daß du lange lebst im Lande, so gibt dies „auf daß" nicht Grund oder Lohn für die Erfüllung des Gebotes, sondern eher eine conditio sine qua non: ohne Ehrung der Eltern kann es dir nicht wohl ergehen, ohne sie hast du keinen Bestand; leben aber sollst du, und lange, um des Werkes der Heiligung willen, das dir aufgegeben ist. So umspielt das Leben des Juden und noch mehr der Jüdin aus dem Volke beständige Resignation. Denn selbstverständlich tritt auch sie mit kindlich reichen Glücksträumen aus ihrer Kinderphantasie ans Leben heran; selbstverständlich hofft auch sie auf das Wunder. Und die dürftige Realität, die sich ihrer dann bemächtigt, macht, daß sie früh den Nacken enttäuscht beugen lernt, daß das Kinn ihr auf die Brust sinkt, daß ihr Mund sich schmerzlich vorwölbt, daß die Stirn sich runzelt . . . „Auf daß du lange lebest im Lande, welches der Herr, dein Gott, dir gibt": ist die Sehnsucht eines landlosen Volkes jemals tiefer in menschliche Beziehungen verflochten worden als hier? Und ist langes Leben — nicht leichtes und seliges Leben — jemals so sehr als Wert empfunden worden als hier? Man denke einen Augenblick diesen Typus Mensch

neben dem homerisch-sophokleischen: „das Zweitbeste ist, früh zu sterben, das Beste aber, nicht geboren werden." Man vergleiche das Leben des antiken Griechen mit dem des antiken Juden — Leuchtendes mit Hartem — und man wird zwei Heroen nebeneinander sehen, den des stürmenden Freiheitwillens, der lieber untergeht als duldet, und den des drängenden Aufgabewissens, der lieber alles duldet als untergeht. Wäre der Jude auf Glück eingestellt, er bestände längst nicht mehr. Dies Prinzip bewährt sich in jedem Einzelnen. Und das Eigentümliche nun ist, daß diese Glücklosigkeit den Juden nicht verbittert, weder grämlich, noch anklagend, noch neidisch stimmt. Eine resolute Fassung ins Gegebene vielmehr erfüllt ihn; die entschlossene Tüchtigkeit des Menschen, der im Erfüllen einer göttlich aufgegebenen Sendung aus seiner grenzenlosen Lebensfähigkeit selbst Freude zu schlagen imstande ist. Warte nur, junge Frau, in deiner Enttäuschung; du fühlst bald, daß dem Wirklichen, dem ungeträumten Dasein aus seiner Wirklichkeit selbst Lust zufließt; dein Kopf wird sich wieder heben, und dein Mund wird noch lächeln lernen über die gleichen Vorfälle, die dich jetzt verdrießen. Das ist Gottes Tröstung am tätigen Menschen.

Sie aber ist ihr sehr nötig; denn selbstverständlich gilt diese ganze Optik nur, wenn man von sehr hoch her und das Heil des Ganzen im Herzen auf die Tatsachen blickt. Der einzelne Mensch, die einzelne Frau für sich betrachtet, die einzelne, von nahem gesehene Ehe zeigt ein weit zerklüfteteres und schwierigeres Aussehen. Ohne Hemmungen und Reibungen, ohne schmerzliche und gefährliche Entzündung vollzieht sich weder eine Eheschließung so unpersönlicher Art, noch auch der Verlauf der Ehe selbst. Erotische Probleme finden sich überall, und je höher man in der Gesellschaftsschichtung steigt, um so belichteter vom Bewußtsein,

7*

um so ernsthafter als Schicksal pflegen sie zu sein. Man kann in einem so zusammenfassenden Ueberblick wie diesem Buche, dem alle Mängel des Subjektiven anhaften, auf das Einzelne nur hindeuten und auch von diesem Probleme nur in Kürze sprechen.

Auf der Jüdin lastet noch stärker als auf anderen Frauen der ungeheure Druck jahrhunderte alter erotischer, anti-erotischer Suggestion. So fehlt ihr von Anfang an das Selbstvertrauen in die Bestehbarkeit jedes weiblichen Schicksals. Ihre Instinkte verlassen sie, die sonst sicheren, sobald sie liebt. Niemand ist so leicht zu hintergehen wie sie, die so grenzenlos vertraut; das weiß sie, und darum wird sie mißtrauisch, unsicher, ängstlich, ungeschickt. Kommt dazu noch eine tiefe, fluchbefangene Furcht vor dem Glück starker Sinne, ein an erotischen Umständen leicht in Schreck zu setzendes Nervensystem und die starkbetonte Neigung zur Intellektualität, zum Grübeln, der die Balance des Natürlichen, Körperfrohen, Harmlosen oft fehlt, so wird man sich nicht wundern, wenn an dieser Stelle gerade der Ostjüdin die schärfste Kurve ihres Lebens bestimmt ist, an der sie leicht aus den Gleisen springen kann: von Frigidität, Abscheu vor dem Mann, Rettung durch das Kind oder durch eine Idee bis zur seelischen und geistigen Störung. Man denke doch auch daran, daß gerade in entscheidenden Augenblicken der jüdische junge Mensch, dem jede Kultur der Erotik, ja der Liebe fehlt, der nur auf seine, vom Verbot angefressenen Instinkte angewiesen ist, jene Rohheiten und Ungeschicklichkeiten zu begehen imstande ist, die man nur durch liebeerzeugten Takt, Erziehung und Selbsterziehung vermeidet, wenn er sie nicht gar durch die Brutalität des Hilflosen ersetzt; und man denke schließlich auch daran, wenn man einen Blick auf gehobenere Judenschichten als bisher betrachtet wirft, daß Ehen, die ohne

Liebe geschlossen werden, nur in den Schichten ohne Störungen verlaufen, wo nicht Individuen, sondern schlechthin der Mann und das Weib erotisch vereinigt werden. Dieser Fall trifft beim Juden höherer bürgerlicher Schichten nicht mehr zu; zum mindesten ist die Frau oft ein differenzierterer Typus als der Mann, der ja vom Geschäft oder vom Lernen häufig schon entstellt und halb entmenscht im vitalen Sinne ist, wenn die Frau noch ganz tief bewahrt aus einer ungemein strengen und kaum verletzten Zucht zu ihm tritt; dann erleidet die Frau gelegentlich Enttäuschungen von unermeßbarer Tiefe, Chocs, Nervenkrisen; sie kommt dazu ihren Gatten hassenswert zu finden; vielleicht auch bleibt ihr das Geschlechtliche ein heikel Unanständiges, nur durch Kinder verzeihlich, oder was für Entstellungen sonst noch eintreten mögen. Von ganz schweren, seltenen Fällen abgesehen, gibt es dann zwei Folgen: entweder hält sich die wohlhabende Frau, von der Realität der Ehe unbefriedigt, in der Hingabe an eine Idee schadlos — passiv, indem sie „sich bildet", oder aktiv als Glied irgendeiner tätigen Vereinigung und Dienerin irgendwelcher Partei — oder die ungemeine, menschenformende Gewalt der Gewohnheit, des sich nicht mehr Wundern-Könnens, gibt ihr normalisierende Perspektiven auf das menschlich Wertvolle des Gatten, die Würde und Aufgabe des Hauses und die Liebe zu den Kindern als dem eigentlichen Sinn der Ehe — und macht sie allmählich häßlich. Zwar sind die Nerven solcher Kinder noch schwächbar genug — aber die enthusiastische Hingabe und Sorge der Mutter um die Brut und die fabelhafte körperliche und seelische Lebenskraft der Rasse, des Volkes, durchbrechen am Ende meistens das anfänglich Schlechtgemachte und stabilisieren mit einem Schlage die Frau, das Haus, die Ehe und das Kind. So ist eine „gute Ehe" dieser Art, erotisch lau, der Durchschnitt dessen, was man bei be-

güterten Juden trifft: gegenseitige warme Verehrung der
Eltern für einander; nach dem Familienwert (Kinder-
aufzuchtswert) fast ersten Ranges in dieser Zeit.

IV.

In solchem Hause, dieser Luft und dieser Umwelt wächst
Jugend auf.

Es ist schwer, aus den gelassenen Augen, den ruhigen
Antlitzen dieser jungen Menschen, die trotz der natürlichen
Herzlichkeit ihres Volkes doch nur verraten, was sie sagen
wollen oder was sich gelegentlich selbst verrät, die Bewegungen, Strömungen und Wirbel zu erraten, die dort ziehen,
wo wir nicht hinsehen können. Und wenn irgendwo, so soll
hier gesagt werden, daß sich dieses Buch nicht auf Literatur
stützt und nicht auf Berichte, sondern nur auf das Gegenwär-
tige des Lebens und der sehenden Geistesgabe; daß es so richtig oder falsch ist wie der Aspekt selbst, den das Leben einem
Besucher darreicht. Daher seine Lücken, daher seine Über-
treibungen; es ist ein Zeugnis. Jugend aber ist schamhaft,
und jüdische Jugend ist es dreifach — vor Westjuden, deren
mitleidige Überheblichkeit beim Besuche ihrer ostjüdischen
„Verwandten" wahrhaftig nicht imstande ist, Wärme, Be-
richt, Vertraulichkeit zu ermöglichen. Ehe man aber freund
geworden ist, vergeht der Augenblick. Und an die erste allgemeine sei noch eine zweite Bemerkung geknüpft: Bewegungen
der Jugend differenzieren sich nicht streng nach Geschlechtern. Die gleichen Kräfte wirken auf Knaben und Mädchen;
wenn auch die Antwort und Reaktion sich nach Geschlechtern
scheidet, sei es uns erlaubt, oft nur eine, die charakter-
istischere Reaktionsweise zu beschreiben; möge der Leser
willig genug sein, sich die Frage, wie wohl das andere Geschlecht auf die gleiche Kraft, die gleichen Umstände reagiere,
selbst zu stellen und zu beantworten, wenn er kann.

Wir haben den Alltag nicht gesehen und nicht die friedliche Gasse am Abend; wir wissen nicht, wie das Mädchen sein Leben ansah und führte, als noch die jungen Männer alle daheim waren; als noch nicht Legionen von Soldaten überall Verbindungen unterbrachen und neue stifteten, als deutsche Offiziere noch nicht sporenklirrend und vor Hochmut blind ihren Weg nahmen. Der russische gemeine Soldat wurde nicht sehr bemerkt und der russische Offizier war ein freundlicher Fremder, sehr menschlich, sehr gesittet und gebildet, der ein Stück des großen Reichs kannte, und dessen Verkehr angenehm und harmlos war wie jeder Verkehr eines Fremden und einer Jüdin. Die alte Zucht des Stammes zu bewähren fiel ihr nicht schwer, von Sonderfällen abgesehen gab es Liebesbeziehungen nur zwischen jüdischen jungen Menschen. Wir wissen ja aus dem holden und naiven jüdischen Volks-Liebeslied, daß diese Jugend Bündnisse eingeht wie jede andere, zarte, schwärmende und entschlossene Verbindungen des neuen und hohen Empfindens ihrer suchenden Bestimmung; vielleicht manchmal zögernder als natürlichere Völker und ohne die letzte Vereinigung; und daß dann Tragik, jugendliche Tragik einbricht, wenn das vernünftige Leben die unvernünftige Schönheit abdrängt . . . Aber das ist so bei allen Völkern: Liebeslieder erschließen das Lebensgefühl der Jugend, ihr Glück und ihr Weinen — und hinter ihnen beginnt das resignierte Kompromiß. Freundschaft, Flirt, Jugenderotik und Liebelei oder auch Liebe sollen bei weitem die Rolle nicht gespielt haben wie im Westen. Es ist bis zum Überdruß bekannt, daß der Krieg hierin in allen Orten Schädigungen brachte. Denn obwohl Not im jüdischen Städtchen nie ganz fehlte: eine so unmenschliche, würgende, zerfetzende Not, wie sie infolge erst russischer, dann deutscher Kriegsmaßnahmen in den Städten herrschte, die von ihren

105

Zufuhrumgebungen hermetisch abgesperrt wurden, hat es im Frieden nur in den entsetzlichen Zentren indischer Hungersnot gegeben. Ringsum trugen Feld, Weide und Bäume die reiche Frucht; die Juden aber, deren Handwerk und Arbeit, Handel und Beruf durch Beschlagnahme aller Rohstoffe und Maschinen, durch Requisition von Wohnungen und Läden, durch Flucht fast der ganzen wohlhabenden Fabrikanten- und Käuferschaft und durch den Ruin der Gebliebenen fast völlig stillag, und deren Geldmittel durch den politischen und amtlichen Rubelkurs noch besonders geschädigt wurden, sahen sich plötzlich, mit amtlichen Rationen, deren Höhe die in Deutschland gegebenen, an sich offensichtlich ungenügenden Lebensmittel bei weitem nicht erreichte, und die oft von faßt ungenießbarer Beschaffenheit waren, von einem Heere jahrelang frauenloser Männer umgeben, die jeden Augenblick Nahrung und jede Erleichterung für sexuelle Hingabe anboten. Unter diesem Aspekt gesehen — und unter dem des grenzenlos wütenden Ruhr- und Typhustodes, Folge übermäßiger Obstnahrung, der die Fortdauer jedes Lebens und ihre sittlichende Wirkung aufzuheben schien — bleibt der zerstörende Einfluß des Heeres auf jüdische Frauen-Sittlichkeit ganz gering.

In den weiten Augen dieser Mädchen sehet die arglose Ruhe, die Zutraulichkeit natürlicher Wesen, die gern ein Wort mit Menschen tauschen, weil Menschen ja Gottes Ebenbilder sind und Freundlichkeit ihr Gebot — und die befremdet und verletzt zurücktreten, wenn der Westmensch, schlechter Psycholog, glaubt, hier sei ein erotisches Gefühl im Spiel, worauf er dann vor rätselhafter Koketterie zu stehen behauptet; seht diese arglosen, breitgeformten Lippen, die nichts sind als kindlich, während der mit Operetten-Schlagworten erzogene Europäer Sinnlichkeit und was immer aus ihnen zu lesen glaubt — Rassemerkmale wie schwarze Augen und jenes Schwarzhaar, deren Trägerinnen keusch sein mögen wie Luna, ohne doch etwas daran ändern zu können, daß Kommis und Student sich wünscht, so leidenschaftlich geliebt zu werden wie er es von so schwarzhaariger Jüdin, Polin oder Spanierin als Opfer kitschiger Suggestionen fabrikmäßig erwartet. Nicht alle Mädchen tragen die Empfindlichkeit ihrer Seele um den Mund, die aufgestellten Lippen geschrieben; selten steht ihnen Schwermut so rein zwischen den schrägen Brauen, und das gespitzte Oval des Gesichts vibriert in seinem Umriß nicht oft so ausdrucksvoll von Fremdheit in diesen Tagen. Und doch ist von uns aus gesehen so viel Schwermut in der Existenz dieser einfachen und armen jüdischen Töchter, die blühen ohne zu blühen, kurz, zag, im Halbdunkel, deren Mädchenlachen so ganz Kinderlachen ist, ohne von der Macht des Eros einen satten und siegenden Glanz zu bekommen und jene machtvolle und instinkthafte Bewußtheit des Weibes, welches wählen kann und seinen Bewerbern Taten, Kampf, Siege entreißt; die dann heiraten, nein, verheiratet werden, ohne daß individuelle Liebe unbedingt dazu führte, sondern in ein armes, menschlich zulängliches und zartes Verhältnis eintreten ohne die „Leidenschaft", von der sie gelegentlich gelesen haben, in eine Ehe voller Sorgen und gipfelnd in vielen Kindern, vor denen die eigene Jugend schnell, unmerklich, resigniert weicht. Daß ein solches Leben, schwermütig zu betrachten, doch ganz glücklich geführt und gefühlt wird, daß sogar eine ausgelassene Heiterkeit voller Schwatz und Putz darin sein kann, wird selbstvertsändlich. Die Gabe, sich resolut mit dem Leben abzufinden, die tüchtige Kunst, es gutzuheißen, wie es auch falle, vor keiner Stunde zu verzweifeln und eine unzähmbare Hoffnung auf bessere Zeiten zu hegen: diese weibliche „virtu" der Jüdinnen ist ver-

mutlich der Urquell unserer stets triumphierenden Zähigkeit. Diese Rasse, deren Männer sich in der Fron mißbrauchen, wäre undenkbar, wenn nicht in ihren Müttern diese tierhafte Kraft der Naivität und Verjüngung am Werke wäre — uns zum Heil.

Die Jüdin, im Arme ein Kind, weist die geschlossenste Gestalt des Ostens. Nur noch der Greis, die Thorarolle im Arme oder das Buch mit beiden Händen haltend, ist ihresgleichen. Das Tuch, von ihren Schultern her um das kleine Geschöpf gelegt, hüllt es nicht wärmer, nicht völliger ein als der Blick, der von ihren Wimpern ausgeht. Schon ist sie selbst nicht mehr ganz würdig, sich zu schmücken; das Haar, unterm künstlichen Scheitel starr verborgen, verleugnet mit sich ihre ganze weibliche Lust, hübsch zu sein; und so ehrlich und derb wie ihr Gesicht ist ihre Sorge um dieses Pfand der Zukunft. Die Intensität, mit der sie es betreut, hat nichts Äffisches, denn sie muß unermüdlich arbeiten, um zu bewältigen, was auf ihr ruht: Geschäft, Haus, Kinder, Sorgen. Wir Soldaten haben es im Übermaß gesehen, dieses Leben: wie der Mann außer dem Hause umhergeht, um Brot zu verdienen, Waren zu suchen, Kunden zu finden, seine Geschicklichkeit marktgängig zu machen; wie er das politische Leben nach seinem Einfluß auf den Erwerb von morgen fragt, argwöhnisch verfolgt; wie er Erholung und Vergessen sucht im hebräisch gedruckten Buche — wie die Frau aber daheim alles in allem ist: die Waren des kleinen Ladens verkauft, mit Zahlen umgeht, Geldscheine prüft, wie sie nach Lebensmitteln unterwegs ist, die Speisen bereitet, stets hin und her zwischen Laden und Küche, von der Stube zum Hof, in dem die Kinder spielen; wie Sauberkeit, Ordnung und Wohnlichkeit fast unerzeugbar sind in der entsetzlichen Armut und Enge — und wie trotz all der Hetze und Not nur

ganz selten ein zankendes und heftiges Wesen in sie
fährt . . . Die Welt der Bücher gibt es nicht mehr; die Welt des
Glaubens ist praktisch geworden und Speisegesetz; die Pflege
der Kinder hat sie gelernt, als sie selbst noch Kind war und
das Jüngste zu tragen und zu versorgen hatte — sie weiß
nicht, daß sie eine Heldin ist und lachte, wenn wir sie bewunderten. Ihr hat das Leben nur die einfachsten Probleme gelassen: daß der Mann freundlich sei, daß man heute satt werde
und hoffentlich auch morgen, und daß dem Kinde, Gott be-
hüte, nichts zustoße. Aber was diese Existenz über ähnliche
erhebt, ist, daß sie ursprünglich ist, ohne je roh oder gemein
zu sein. Ein Menschentum, Muttertum von untrüglicher Beschaffenheit offenbart sich in diesem niederen Sein. An den
Kindern Wut, Enttäuschung, Nervosität heftig anfahrend oder
schlagend auszulassen, in Worten und Gedanken gierig, gewöhnlich, neidisch zu werden: solche Laster der Armut auf-
gezwungen, finden sich selten. Selber der Jugend durch die
Sorge entrissen, sucht sie den Kindern Kindheit zu bewahren;
und so hebt sie unbewußt die wichtigste Aufgabe über sich
hoch: neuen Geschlechtern einen neuen, unverwirrten, un-
belasteten Anfang zu behüten, Geschlechtern, die sie gebiert
ohne zu erliegen, mit der Sicherheit im Herzen, daß Kinder
ein Segen sind, der Segen des Herrn — ein sorgenvoller Segen,
eine Last, deren Lasten noch in besinnenden Stunden erhebt
und beglückt. Junge Jüdin . . . sie weiß nicht, daß sie unsere
Stammutter Leah ist, wieder am Werke für das Volk . . .

Mädchen, die nicht heiraten, sind selten, sagt man uns; wir,
an die Oberfläche gebannt, vermögen einzelne Leben nur
kurze Zeit zu verfolgen, dann verlassen wir den Ort, und
nur noch Gedanken bleiben. Aber wir sahen den Beginn
solcher Lebensläufe, von denen es wunderlich wäre, wenn sie
anders endeten als in der undurchdringlichen Tiefe War-

schaus oder Wilnas. Da sind Mädchen, die den Liedern zu gerne lauschten, die von schönen Bachurim und von Soldaten sangen; ohne Rat in der großen Teuerung, haben sie den Schutz eines Soldaten gesucht, der Brot und Fleisch empfängt; der Weg führt in eine Teestube, deren es tausend harmlose und manche verfängliche gibt, und endet vielleicht in einer Fleckfieberbaracke, oder er steigt auf in eins jener Bordelle, die die Heeresverwaltung getrennt für Offiziere, Unteroffiziere und Mannschaften errichtete — furchtbare Herde geistverlassenster Bedürfnisstillung — bis er um so sicherer in jene drahtumgitterten Gebäude oder Höfe führt, in denen „Dirnen" die Krankheiten ihres Gewerbes „geheilt" werden. Das lockend schielende Auge, der schön geöffnete Mund und die niedere törichte Stirn eines Mädchens können ja ihr Schicksal machen; von der reinen Biegung der Augenbrauen hängt ja, in dieser herrlichen Kultur, vielleicht ein Aufstieg ins „Hotel Katharina" ab; ein so edles langes Oval, diese kleinflügelige Nase kann ja bewirken, daß ein Mädchen die resolute Arbeit der Hände einstellt, ihre Instinkte zur Koketterie schärft, und, Opfer und Sinnbild unserer europäischen Lage, ihre Arglosigkeit zur ethischen Gleichgültigkeit auftreibend, sich von dem Trieb ernähren läßt, der überall die Zivilisation aufpflügt. Ihr Leben kann aber auch ganz anders verlaufen: vielleicht empfängt sie, und das Kind stirbt — wie oft in schlechten Zeiten! Der Schmerz und all dies Umgestoßensein flößt ihr Abneigung gegen neue Verbindungen ein; so geht sie als Magd in ein Haus, und alle ihre prachtvollen Triebe können blühen: Tätigkeit, Fürsorglichkeit, der entzückendste Mutterwitz . . . denn es ist ja so unsäglich wenig, was im Menschen umkommt. Es kann, ungebraucht oder unwillkommen, Jahrzehnte in ihm schlafen; er kann selbst vergessen, ganz vergessen, wie gut ihm dies Gelächter oder jene Tätigkeit einmal gelang. Aber der Mensch, er selbst, ändert sich nicht; nur sein nach außen gekehrtes, dem Gebrauch zugewandtes Gesicht. Und darum, weil dies Gesicht von Umwelt und Beruf, von Bedarf und Zufall geformt ist, nicht hauptsächlich von der Seele her bedingt, ist es so unsinnig, die Entstellungen solchen Berufsgesichts der Seele des Menschen zuzurechnen. Nein, es ist nicht der Mensch, der dir gesunken entgegentritt — es ist das Berufsgesicht der Dirne, es ist die elende, schmutzige, entwürdigende Umwelt der Dirne, die dir roh und unsagbar zuwider ist. Sie selbst ist, der Mensch ist unabänderlich in sein Wesen gebannt und wie der schöne Schnitt eines gut geformten Auges unabhängig vom Schmutz, in welchem ihr den Menschen antrefft oder versinken seht. Darum ist das Gesicht der toten Dirne rein wie ihr Mädchengesicht . . . Es ist nicht der Tod majestätisch über ihr. Nur die Umwelt, das ekle Leben hat er beiseite gebunden wie strähniges, mißgraues Haar . . .

In dem Augenblick, wo sich die höhere Schule öffnet, beginnt das nicht mehr individuelle, beginnt das prinzipielle Problem der Jugend.

Nicht die Schule im allgemeinen ist die Schwelle, von der hier geschrieben wird. Die Schule ist eine Schwelle. Die des Lesens kundigen Augen sehen eine Welt mehr als die unkundigen. Die schreibende Hand ist eine andere als die nichtschreibende. Nicht als ob hier der törichte Unfug mitgemacht werde, je nach der Zahl seiner Analphabeten Kultur eines Landes höher oder niedriger zu schätzen. Entscheidend allein bleibt die ethische Qualität des Menschen; und die Zeit ist so fortgeschritten, daß Kultur, Seele, hilfreiche Gesinnung bei Analphabeten eher walten kann als bei den Belehrten des fortgeschrittenen Kapitalismus, der wissenschaftlichen Kriegführung und der beseligenden Zentralisation. Aber von zufälligen Gestaltungen abgesehen und hingesehen auf die realen Erscheinungen, zeigt sich die schreibende Hand des Menschen als mit dem Schlüssel zu allen Geisterreichen bewaffnet, zu Vergangenheit und Zukunft. Nicht mehr hilflos ist der Mensch, der sich mitteilen kann... Aber die allgemeine Schule des jüdischen Volkes stellt nicht das Problem, von dem, als dem dringendsten und sehr verschlungenen, hier die Rede sein muß. Um dieses schreibende Mädchen ist die ganze behütende Dumpfheit eines Volkes. Dieser kindliche Hals trägt keinen skeptischen Kopf, dieses Kinn verspricht eine fruchtbare Trägheit des kleinen Schädels; dieser Mund, eifrig gewölbt, sucht keine leugnenden Worte und keine neue Evangelien. Der Arm, der so müßig auf dem Tisch liegt, ist noch in seiner Muße ein ungeduldig tätiger Arm, der lieber kneten, fegen, Kinder halten will, und die Hand ist grob und kräftig, ungelenk beim Schreiben, gelenkig und vergnügt beim Feueranzünden und Wasserschöpfen. Vermutlich ist der Verstand dieses Mädchens wacher, rascher, verbindungsfähiger als der von Mädchen gleicher Art und Klasse in anderen Völkern; aber das ist nur ein nationaler Unterschied und keine Bedrohung. Wäre es wünschenswert, Gefahr überhaupt zu beseitigen, den jüdischen Genius zu verdumpfen und zu sichern? Niemals. Gefährdeter als dieses Volk ist kein anderes in seinem Bestande, aber Völker haben keine Rückwege, und im Wachstum der Gefahr ist auch Wachstum des Heils.

Die Gefahr beginnt bei jener Jugend, vor der die Reiche der Welt ausgebreitet werden. Eine Jugendbewegung nach Weise der deutschen gibt es im Osten bei den Juden nicht. Die deutsche muß man rufen und fördern, ihre edlen Ziele sind ohne Gefahr, sie öffnet Quellen des deutschen Menschen, erneut den Geist und mündet mit Selbstverständlichkeit im Deutschtum. Die beste deutsche Jugend will aus der bürger-

8*

lichen Verbannung den deutschen Menschen erlösen, sie führt ins edelste Volkstum hinauf.

Die stärkste Bewegung der ostjüdischen Jugend hat ungleich ernstere Namen als „Jugendbewegung". Sie heißt Sozialismus, Revolution. Sie verneint das Volkstum der Juden, führt von ihm fort, und zwar bewußt und systematisch; sie führt von jedem besonderen Sein ab in die allgemeine Form des russischen Menschen. So hat sie für den Ostjuden noch einen Namen, der auch den westlichen Juden vertraut ist: Assimilation. Aber wenn im Westen die Assimilation verwaschen, bürgerlich, halb und „liberal" ist, wenn die assimilierten Kreise der Jugend — Ausnahmen jetzt verschwiegen — sich durch die breiteste Unbedeutendheit und gänzlich ideallose, pragmatische und schwächliche Phraseologie auszeichnen, wenn sie der merkwürdigste Verein von Leere und Geschwollenheit ist, dem sich nur der breite Durchschnitt ergibt — so ist im Osten, noch einmal, die Assimilation revolutionär, tatbereit, radikal und von den wertvollsten und kräftigsten Typen getragen. An der westlichen Assimilation verarmt der jüdische Geist weniger; an der östlichen verarmt das Judentum.

Alle Gegensätze, die Jugend an sich erleben kann, münden in ein und dieselbe Richtung, alle Triebe, die Jugend in sich wirksam fühlt, treiben zu dem gleichen Ziel.

Dem Westmenschen unvorstellbar ist zunächst der Grad von Anteilnahme der Jugend am politischen Sein der Allgemeinheit überhaupt; geht man doch hier davon aus, daß die Jugend lernen solle und sich um Politik nicht zu kümmern habe. Sehr schön — wenn ein Land politisch so stagniert wie das ehemalige deutsche Kaiserreich, in welchem alle wahrhaft politischen Entschlüsse von einem Scheinparlament nur glossiert, nie in ihm aufflammend, durch Verfügung von Behörden zustande kommen, und in welchem außer den „revolutionären" Parteien das Volk diesen Zustand gutheißt, da es von Politik in seinen Geschäften nur gestört würde, im übrigen sich aber mit flauer Parteizugehörigkeit begnügt und keinerlei Ideale des Gemeinwesens in seinem Herzen zünden. In Deutschland wurde der Obrigkeitsstaat von seinem Objekt, dem Volke, bejaht und ausgenutzt, im russischen Reiche verneint und bekämpft. Die Ideale der menschlichen Freiheit und Mitbestimmung beherrschen die Schüler der höheren Schulen und sind die zentralen Probleme der Studenten. Lernen, wo der Geist unterjocht und verfolgt wird? Nur den „Beruf" vor sich haben, indes das Volk aufgeregt und von allen Dämonen der Selbsthilfe und Nächstenhilfe gerüttelt wird? Das wäre, das ist keine Jugend, die das vermöchte. Hinzu kommt die sachliche Solidarität des proletarisierten Volkes, dessen Mund, Geist und Blut der russische Intelligent ist, mit den unterdrückten, eingepferchten und bedrohten Randvölkern, „Fremdvölkeren" des Reiches, die in der genau gleichen Lage der Entrechtung leiden, und die sachliche Solidarität des Bürgertums mit dem Volke gegen das System — Kampfgemeinschaft bis zum Sturz des Systems, offener Gegensatz erst nach diesem. Deshalb ist die lächelnde und gepflegte Tochter des jüdischen Bürgertums, trotz ihres sanften Antlitzes und ihres milden Blickes die Kampfgefährtin des Arbeiters. Hinter der Stirn, bekränzt von reichem, geschmücktem Haar, arbeiten die Gedanken Krapotkins und das Vorbild Tolstois. Und so sausen die Peitschen der Kosaken, die revolutionäre Mengen zerstreuen, in allen Städten des russischen Westens auch über die Rücken und Köpfe der Schüler, gehen ihre Pferde auch gegen sie an, und die Polizeigefängnisse füllen sich mit „Gymnasistkes" wie mit Arbeitern. (Die Mädchen nämlich unterschieden sich im Schulsystem nicht von den Knaben, es gab nur „Jugend".) Noch in der Erinnerung an jene Tage, 1905

und 1906, füllen sich die Augen mit Glanz und Trotz, und in dem gelähmten, okkupierten Gebiet ist unter der starren Oberfläche jeder Stoß der Revolution von 1917 an in den Herzen der Jugend mit am Werke.

Damals freilich, 1907, nach der blutigen Erdrosselung der Aufstände, brach eine Woge der Verzweiflung über diese Jugend herein, die schwer beschreiblich ist. Da das System trotz des verlorenen Japankrieges noch die Macht hatte, der Volksbewegung Herr zu werden — war es nicht unabschüttelbar? So schien es; das Leben hatte keinen Wert mehr; Streben, Wollen, Hoffen, alles was nach vorwärts wies, schien abgehackt; Aufopferung, Mut, Wille zur Tat schien sinnlos. Nie gaben sich aus den unscheinbarsten Anlässen junge Menschen leichter den Tod; und in die Überlebenden fuhr in jenen Jahren 1907 und 1908 der Geist des après nous le déluge. Nur der Genuß der Gegenwart schien noch Sinn zu haben; Betäubung zu trinken aus allen Bechern des Lebens war das Einzige, was einer Jugend blieb, deren Ideale zerrannen. Von allen Antrieben, die Jugend leiten, schien einzig der nach Schönheit des Seins, nach Zärtlichkeit und körperlicher Nähe nicht gebrochen; dafür nahm er in der Schwüle so bedrängter, wild vernichteter Hoffnung die irresten Wege. Aus den geheimen politischen Vereinen und Zirkeln der Schüler und Schülerinnen wurden „Ligen der freien Liebe", in denen Wein und Branntwein während echter verzweifelter Gespräche auf dem Tisch standen und in denen das Licht verlöscht wurde. Mit vollen Segeln fuhr die bis zum Grunde enttäuschte Jugend in den Rausch der Selbstzerstörung; der Roman „Ssanin", ein im Westen mit Recht echoloses unbedeutsames Buch, schilderte diese Stimmung: in ihm erkannte sich die Jugend und besann sich; das gab ihm seinen russischen Erfolg. Denn wenn auf die gipfelnde Woge der Enttäuschung irgendetwas folgen konnte, so nur die langsam anflutende Hoffnung und der un- beirrbare Entschluß zu neuem Versuche. In diesem Augen- blick schon hatte die Revolution gesiegt: ihre Echtheit, ge- speist aus dem unbrechbaren Willen der Menschen, men- schenwürdig zu leben, hatte sie gerettet.

Alle Kräfte, die diese Jugend zur Revolution treiben, wirken zentrifugal aus dem Judentum schleudernd. Dies ist lediglich und ausschließlich die Folge unseres landlosen, bodenlosen Seins. Die Revolution der Russen verändert das Russentum, aber sie hebt es nicht auf; revolutionierte deutsche Jugend, wenn es das gäbe, gibt dem deutschen Wesen einen neuen Durchbruch; beide mögen so international, besser kosmopoli- tisch gerichtet sein wie sie wollen, sie tragen die Volksfarbe ihres Seins, noch im schnellsten Vorstoß in die Zukunft. Jü- dische Jugend aber, die international revolutioniert, geht — es gibt Ausnahmen, davon bald — als Judenvolk unter; diese Kräfte wirken nicht auf die eigenen Zustände, sondern, im Wollen ins Allgemeine zu wirken, auf fremde; der Effekt ist anti-jüdisch. Es sind Kräfte, die im Wesen der Jugend selbst wachsen, die es überall gibt; nur bei uns aber haben sie diese volkszerstörende, den jüdischen Geist verarmende Nebenwir- kung. Dies ist eine Feststellung und kein Werturteil. Verwor- fen wird die unvergleichlich benachteiligte Lage des Juden- tums, nicht die Jugend, die keine Wahl hat, und die ihren An- trieben folgen muß.

Nehmen wir ein Mädchen gebildeten Standes, dessen Ge- sicht den durchschnittlichen Typus, die Vitalität des Volkes aufs stärkste ausdrückt; kein Zug ihres Gesichts sei von einem individuellen Schicksal geprägt, dafür seien alle Merkmale deutlichst da, die ihm die nationale Zugehörigkeit aufstem- peln. So sei auch ihr Geist beschaffen, Temperament, Wille, Empfindung; sie sei eine Potenzierung ihrer Großmutter ins

Typische. Ein solches Mädchen deutscher oder russischer Volkszugehörigkeit und einer revolutionären Generation eingegliedert, wird den stärksten Faktor nationalen Fortbestandes darstellen, den es gibt: es vertritt das Volkstum vor der Zukunft. Ein jüdisches Mädchen dieser Art nun, im Osten geboren, hat alle Aussicht, dem lettischen, russischen, ukrainischen oder polnischen Volkstum ihre jüdischen Tugenden zuzubringen, indem sie sich der revolutionären Sache hingibt. Dies ist die Lage des jüdischen Volkes — eines Volkes, von dessen Bestehen schließlich mehr abhängt als von der Existenz des Polentums oder des lettischen Geistes. Es verarmt dabei um die besten Früchte seines edlen Samens.

Weil die revolutionären Instinkte der jüdischen Jugend keinen Gegenhalt an der sonst naturgegebenen Tatsache volklicher Abgeschlossenheit finden, weil das jüdische Volk nur blutgemäße und keine geographischen Grenzen hat, weil sich seine Revolution nur mitbegriffen, stillschweigend gleichsam, nicht klar erkennbar gegen die Hemmungen, Laster und Sünden am eigenen Volkstum richten kann, darum zeugt sie überall außer Anfängen zur Umkehr so giftige erbitterte Nebenprodukte, so wilden bürgerlichen Antisemitismus. Nur jene Revolution aber ist wahrhaft legitimiert, die wie ein Mensch ist, der an seine eigene Brust schlägt und seine eigene Schuld ausruft.

Die unmittelbare Ablehnung der Jugend gilt dem Hause der Eltern, gilt der Familie. Das ist tief berechtigt in Zeiten geistiger Erneuung, wenn die ältere Generation, unwissend darüber, daß ihre Haltung geistig starr ist, daß sie trotz der edlen Wahrhaftigkeit vieler Individuen als Generation zu den Rechten und Pflichten der Menschen auf der Erde nicht mehr in lebendiger Hingabe, sondern in traditioneller, kategorischer Regelhaftigkeit sich verhält, den Kindern ihre Lebensform naiv aufdrängen will. Selbst wenn diese Kinder noch nicht genau wissen, wohin sie wollen — mit unwiderstehlicher Deutlichkeit wissen sie dafür, wovon sie weg wollen. Ein Ekel ohne Maß schüttelt sie bei der Vorstellung, sie könnten werden wie diese, die sie, Grauen, erzeugt haben; kalt, fremd und gehässig wenden Töchter ihre Gesichter von der Existenz der Mutter weg, deren Physis sie nicht mehr ertragen können; vollends wenn sie ihre eigene Zukunft in ihr zu erblicken fürchten. Fort, nur fort! Besser im Unbekannten schlimm enden, als in diesem elenden Bekannten erträglich bestehen. Darum ist ihnen Fremdes schon wertbetont, erinnert es sie doch nicht an das Zu-Hause. Söhne spüren das, wenn möglich, noch wilder. Arbeit und Erholung, Verkehr und Lebensform, Geselligkeit und Einsamkeit der Kinder haben ihren eigenen Rhythmus; sie müssen ihn, weil Kompromiß dem Wesen der Jugend ins Gesicht schlägt, gegen den der Eltern durchzusetzen versuchen. Je weniger Sitte und wirtschaftliche Lage Trennungen gestatten, um so wilder wuchert die Erbitterung. Die Arbeit der Eltern erscheint der Jugend als Schacher, ihre Erholung als tötende Zerstreuung, die Menschen ihres Verkehrs als unerträgliche Spießer, ihre Lebensformen als entsetzliche Heuchelei, ihre Geselligkeit als Klatsch und Lärm und albernes Kartenspiel oder, wenn Sabbathspaziergang und Theaterbesuch als Natur- oder Kunsterlebnis ausgegeben werden, als ekelhafte Entweihung mißbrauchter Heiligtümer. Vor allem rebelliert Jugend gegen den beständigen Zwang, in Gesellschaft mit Ungewünschten aufzutreten, sich familiär mißbraucht zu sehen. Ein Mensch, der nicht einsam zu sein vermag, der nicht je und je den Zwang hat, mit sich allein zu sein, ist für den jungen Menschen weniger achtbar als ein Tisch oder eine Schwelle. Unter diese geleugneten, gehaßten Entwertungen familiaren Seins fällt auch das Jüdischsein — ein Fluidum, eine Gesinnung und eine Sitte, abgesehen vom Kultlichen und Religiösen. Jüdisch ist Sabbath, jüdisch sind Feiertage und Speisen; Sprache, Bücher, Ahnen; Vorzugsgesetze, nach denen gewertet und Instinkte, nach denen bejaht und verneint wird; jüdisch sind Witze und Gesten, Sprachfehler und Körperformen, individuelle Gebrechen und moralische Vorurteile: alles ist jüdisch oder „jüdisch"; die Familie ist die einzige wirkliche Erscheinungsform des Nationalen, die Volksart Erscheinungsform des Menschseins: und indem diese Familie nun von der vollen Wucht jugendlicher Verwerfung getroffen wird, wird auch, n u r bei Juden, die zentrale Ader des Volksseins getroffen: Menschsein, nichts weiter, ist die Parole nationaler Verblutung; und dort, wo man einsieht, daß man Mensch nicht sein könne anders als indem man die Form der Volkheit dafür als einziges Mittel zugibt, wählt man das weite, herrliche menschliche und ganz lebendige Russentum. Mädchen, Tochter, die du deine Locken schüttelst und dein geschlossenes Profil, kühle Augen, vibrierende Nase, stolz schmalen Mund und zuverlässiges Kinn dem andern Volkstum zuträgst, ohne zu wissen, was du da verschenkst, — du weißt auch nicht, wie jüdisch du handelst ...

Jugend, gute Jugend verwirft auch die ihr gelehrte Religion in einer instinkt- und ehrfurchtlosen Zeit. Sie weiß nämlich: wenn nur das Religion sein sollte, was sich in Tempeln und gemurmelten Gebeten zuträgt, in Gesetzen und Riten steht, dann ist sie tot, und wenn nur das Gott ist, was so verehrt werden will, dann ist er dreimal tot. Nietzsches Botschaft vom Tode Gottes wird besser verstanden, ist besser gehört als des Amos Botschaft von Gottes Willen. (Westjüdische Soldaten haben in ostjüdischen Großstädten der aufgeklärten Jugend Psalmen und Propheten erstmalig lebendig machen müssen ...) Die Seele der Jugend ist sehnsüchtig nach Verehrung und

Geist; ihre Augen, groß geweitet, spähen nach ihr; der Hals hebt den schweren, zweifelumtanzten Kopf, damit er in die Ferne sehe und den neuen Glauben erblicke, den der Mund weich und sehnend zu bekennen bereit ist; aber das, was man dicht um sie zu glauben behauptet und wofür man Glauben verlangt, Andacht, Verehrung, was Verbindung mit dem Wesen der Welt und des Lebens zu sein vorgibt — das ist ihr eine lästig klingelnde Schelle. Die Jugend muß Gott dienen, indem sie sich einen neuen Gott gebiert, der wahr ist; sie muß, durch boshaftesten Zweifel und radikalstes Verwerfen, jeder Art von Nachschwätzerei bei sich Einhalt tun; sie muß mit Gott, um Gott ringen. Bei dem „Gotte der Väter" sich zu beruhigen — furchtbare, tragische Verirrung, Jugend dazu anzuhalten! Denn der Gott der Jugend hat ein verhülltes Antlitz, und wenn sie gelernt hat, sich dies Antlitz vorzustellen — ist die Jugend dahin. Der Gott der Väter aber, die Religion des offenbaren Judentums, ist nun einmal Form und Grenze des jüdischen Seins gegen die nichtjüdische Welt; und indem die Jugend diese Grenze nicht mehr achtet, atheistisch wie sie fühlt, wirft sie sich ins anwankende Nichtjüdische, dieses Meer der Zeit, wie eine gelöste, erlöste Erdscholle von schwindender Hallig.

Jugend, gute Jugend haßt das Geld. Sie sieht, daß die Alten nicht geworden wären, was sie sind, wenn nicht Geld, Besitz, Erwerb, Ertrag die einzigen Waffen im unmenschlichen Kriege der judenfeindlichen und kapitalistischen, landlosen und entrechtenden Gegenwart wären, die einzigen, die man ihnen erlaubte und aufzwang, die einzigen, die man überallhin mitnehmen konnte, wenn man durch Gewalt oder Boykott, Verordnung oder Krieg vertrieben wurde — Dämonen, hilfreich aber grausam zinsend, die ihre Seelen verdunsten machten und nur einen Rückstand, kraß und steif, gelassen

hatten, den Automaten, den Golem, den kapitalistischen Bourgeois. Sie haßt es, ja, aber sie verachtet es noch mehr und verachtet fürchterlich seine Sklaven, unselige Zeugungen des neunzehnten Jahrhunderts. Ein Leben, welches im „Verdienen" aufgeht: das heißt, ein Mittel des Lebens zu seinem Zwecke machen, und mit welcher Ausschließlichkeit! Zittern um Verdienst? Bitten, danken, sich sorgen um Verdienst? Im Schlafe noch rechnen, im Wachen jeden Augenblick vom Dienste der furchtbaren Maschine beansprucht werden können, die „Wirtschaft" heißt? Keine echte Muße, keine ungekaufte Freude achten; die Natur als Geschäftsgegenstand (Rohprodukt), den Menschen als Lebens-Mittel (Arbeitskraft) sehen; im wirtschaftsfremden Künstler, im wesensehenden, kritisch den Ungeist zerfetzenden Dichter harmlos-komische Zigeuner erblicken, und Achtung nur nach Geldbesitz und Ehrenstellung in dieser Welt des Geldbesitzes bemessen — was wäre eine Jugend, die dagegen nicht anspränge! Aber das Geld ist nun einmal die einzige Waffe und die einzige Kraft des in diese Gegenwart gestellten bürgerlichen Juden; es ist ihm der einzige Weg, um seine politische Lebenslage zu sichern, und indem die Jugend mit allen Waffen gegen das Geld anging, bedrohte sie die Grundlage der augenblicklichen jüdischen bürgerlichen Existenz.

Und ganz breit und schroff lehnt Jugend, gute Jugend das Milieu ab, in dem sie aufwuchs. Diese Menschen mit eng beschränkten Gedanken, von denen man stets dieselben Worte hört, dieselben Betonungen — wie lächerlich sind sie, wie aufreizend dumm schon ihr Gang! Diese Straßen, wie ekelhaft dagewesen, diese Kaffeehäuser wie stumpfsinnig, diese Gärten wie abgelebt und überfüllt von elenden Leuten; diese Umgebung wie fahl! Eine Sehnsucht ohne Grenzen ruft: hinaus! Ins Freie, Breite, Ungekannte, frisch Erschaffene! Dort ist das

wahre Leben, hier sein Phantom, dort ist Kraft, Mut und großer Horizont, hier eine Sackgasse, deren Gosse stinkt. Jugend
geht hinaus und jauchzt; bei jedem Besuche in der Stadt der
Kindheit erscheint sie ärmlicher und komischer — und ehe
sie rührend und heilig werden kann, ist sie vergessen, oder
Jugend ist nicht mehr jung und anderswo festgebannt. Nun
aber ist die Stadt der Kindheit der einzige Ort, wo der Jude
sein heimatfrohes, heimatsuchendes Herz anheften kann, und
die Flucht aus der Umwelt, oft so jugendlich prinzipiell empfunden, wird zur Flucht in die fremde, großstädtische, verein-
zelnde Entjudung.

So treiben alle Triebe der Abstoßung ganze Jugenden aus
dem Judentum. Ihre positiven Kräfte drängen sie, wenn nicht
ganz besondere wissenschaftliche oder künstlerische Gaben
den Menschen völlig aufsaugend ihm nichts lassen als ihre
Ausbildung, zum Sozialismus.

Jugend, gute Jugend muß verehren oder sie kann nicht sein;
und welch ein Glück, wenn es in der Zeit Männer und Frauen
gibt, deren leuchtende Tapferkeit, deren Hingabe und Opfer-
mut, deren Hilfsbereitschaft und echte Kameradschaft ein
Vorbild, Antrieb, Ziel ist, das zu erreichen lockt! Jüdische Jugend kann Größe und Heldentum nicht im Dienste der Gewalt
und der Eroberung, des Krieges und der Zerstörung sehen,
sondern im Dienste der Idee und der Befreiung, des Aufbaus
und der Menschlichkeit. Und darum wirken viel stärker als
die uniformierten Soldatenhelden des Westens, als die Er-
oberer und Länderentdecker, deren Folgen Sklaverei, Mord,
Raubgier, Unrechte jeder Art waren, stärker auch als die hi-
storischen, schon schemenhaften, unempfindbaren Makkabäer
und als die Märtyrer und passiven Heroen des Judentums,
deren Ideologie man in sich nicht mehr nachtasten kann —
darum wirken viel stärker die Revolutionäre des langen

Kampfes um die Menschenrechte und das Menschen würdige Leben auf der Erde, die ihren Kampf in Rußland fochten. All die Ermordeten, in Gefängnissen Verschollenen, die Verbannten und Geflohenen, all die Täter ihrer Taten mit Wort und Waffe. Und wenn ein Mädchen mit stillem und reinem Gesicht, mit hochgebauter Stirn und breiter Schläfe, mit verschwiegenem Munde und geradem Nacken all die Bilder der sozialistischen Studentinnen sah, die stillen und reinen Gesichter, hochgebauten Stirnen und verschwiegenen Münder — sollte in ihrem Herzen dann nicht der Entschluß entbrennen: so zu leben, gelobe auch ich — das zu sein, vermag ich auch? Beispiele werden die Nachfolge der Jugend wecken wo immer Jugend reinen unbedingten Willens ist, und viel tiefer können Völker nicht sinken als jene, deren Söhne und Töchter sich, instinktlos für den Dienst der Jugend an der Erneuerung, zur Erhaltung des Bestehenden, zur Unterstützung der Macht zusammentun.

Ein brennendes Recht fließt durch das Herz der Jugend, guter Jugend. Die fürchterliche Ungerechtigkeit des entgötterten Lebens moderner Zeit gutzuheißen, auszunutzen: viel tiefer vermöchte ein Volk nicht zu sinken. Und so fällt die jüdische Jugend in den Schrei nach Gerechtigkeit des Lebens ein, der Sozialismus heißt, und will alles, will sich daran setzen, ihm Erfüllung zu wirken. Natur sei ihrer Idee nach wider-gerecht? Um so heftiger hat, als Ausgleich, Menschheit ihre Idee der Gerechtigkeit durchzusetzen! Art des Menschen sei, daß der Starke den Schwachen knechte? Um so tiefer die Pflicht des Menschen, dem Schwachen beizuspringen! Wer bin ich, daß ich mehr besitzen sollte als du? Teilen wir; mehr als man bedarf, braucht keiner, und wie reich ist diese Erde bei gerechter Teilung, wie wenig braucht der Mensch, um froh zu leben! Fast unnachlebbar scheint dem Nichtjuden jene We-

9*

senheit und Eigenart „Gerechtigkeit", die den Juden zu über-
wältigen vermag — jenem, der den kalten, dürren, eifersüch-
tig wägenden Römerbegriff im Blute hat. Die Wärme, die
von ihr ausstrahlt, die Flamme, mit der sie den Juden durch-
setzt, der in ihr die Regulative des Lebens überhaupt sieht, die
große Vision der sich selbst ordnenden, schlichtenden Welt
— all das schlägt in jüdischer Jugend hoch, wenn sie Sozialismus will.

Und all die andern bejahenden Kräfte in guter Jugend: sie
alle münden für den Juden, der sie auf besondere Art, auf jüdische Art erlebt, im Sozialismus. Da ist der Trieb zu Kameradschaft, zu Nächstenhilfe, er, von Juden geübt seit sie auf
Erden wandern, er, ohne den die Juden längst nicht mehr da
wären, findet sein nahes Ziel am Mitkämpfer, sein fernstes
und Beschwingendes in der entrechteten Schar der Menschen.
Da ist der Kampftrieb der Jugend; er, von den Juden in Geist
umgesetzt, wird gegen das größte Ungeheuer, den autokrati-
schen Kapitalismus gerichtet, einen Gegner, den es lohnt zu
bekämpfen; der Tattrieb der Jugend, die sich einsetzen muß
gegen den Widerstand und für Verwirklichung, die nur im
Vollziehen wirklich lebt; und der Schöpfungstrieb, der die
Jugend selber ist: der Anfang eines Seins, der wirkliche Beginn das Werk des Geistes und der Hände in die Fakta des
Lebens einzubilden. Seht hier den jungen Juden langer Schulung und aus bürgerlichem Haus, seht die gesenkten Schultern der schmalen Gestalt, die klugen Augen über dem listigen
Mund; seht, in den Umriß gebannt, die Schwäche und den unbrechbaren Mut, das Linkische des Gehens und den denken-
den Trotz; er trägt noch die Mütze des Gymnasiasten und die
Bücher unter dem Arm, aber er ist schon Sozialist. So wird er
auf.eueren Universitäten, scheel angesehen, sein Wissen stär-
ken, in euren Versammlungen auftreten und schon mit seinem

Namen, erst recht mit seinen Worten eure trübsten Instinkte aufreizen; er wird euren Arbeitern sagen, was zu tun ist, tun, was zu tun ist — es sei richtig oder falsch: er wird es ganz tun — und so wird er vor euren Standgerichten stehen und von euren Soldaten, die nie wissen, was sie tun, getötet werden. Oder er wird siegen.

Denn sein innerstes Wesen bejaht er, wenn er Sozialist ist. Nur ein Jude kann die Weite des Abfalls ermessen, den der kapitalistische Mensch getan hat. Ein Volk, geboren im Proletariat des pharaonischen Absolutismus und gepreßt, bis ihm Gerechtigkeit zum innersten Kern wurde; herausgeführt durch den Geist eines Gesetzgebers, in den Gott selbst die Urworte der Menschlichkeit hämmerte und auf Jahrtausende beherrscht von seiner Urgestalt; ausgebreitet im schönen und zugesprochenen Lande nach gerechter Ordnung und, aus dem menschlich eingeborenen Abfall zu Ichsucht und Machtlust, immer wieder zurechtgejagt von den Propheten, Gottes herrlichen Schäferhunden; ein Volk, das mehr als einmal den reinen, vergeisteten, liebenden Menschen gebar, um die Welt einzurenken, und das ihn nicht zu halten vermochte, nach Menschenart versagend dem Genie der Liebe gegenüber, den Anderen nur als eingeborener Sohn Gottes überhaupt begreifbar, so unmenschlich erschien ihnen diese Reinheit; ein Volk, vom Römer zertreten, von tausend großen oder kleinen Gewalttätern bis zum Äußersten gepeinigt — denn wer war so schwach, am Juden nicht Gewalt üben zu können? — ein Volk, dies Volk, noch immer da, noch immer jung, treibend wie am ersten Tage: es sollte nicht im Übel, das es jagte, das allgemeine Übel der Menschheit zu entdecken vermögen? Es sollte sich je und je davor bewahren, mit allen Kräften in den Kampf der Kämpfenden einzutreten? Es sollte die übermenschliche Weisheit und Zügelung haben, den Weg, welcher sein besonderer ist und der dem Streben der Kämpfenden bis zur Verwechslung gleichsieht, von diesem allgemeinen Drange zu unterscheiden? Daß nur so wenig, daß nicht schlechthin alle gute Jugend der Juden in die Wege des europäischen, organisierten, internationalen Sozialismus tritt — das ist das größte Wunder, welches heute am Judentum geschieht.

Und auf diesem Wege, mit dieser Auslese, verliert das Judentum Jahr um Jahr eine Schar seines besten Frühlings. Alle, die nicht warten können, die die Erlösung der Menschheit direkt, ohne Umwege für möglich halten; bei denen zur Ungeduld der Jugend eine Art mechanischer, unorganischer Menschheitskonzeption tritt; alle, die nicht an die Wege und die eigene Art der Völker glauben und die glauben, mit den Grenzen würden auch die Völker als Individuen fallen; alle, die unmittelbar und sofort ins Breiteste und Größte wirken wollen, nicht erst das Engere, dann das Nähere und endlich das Umfassende als Ziel ihrer Tat sehen mögen, und die ihre Tat nicht für sich allein tun wollen, auch nicht bloß an sich allein, sondern am vorbereitetsten Material; alle, deren Brüder der Mensch schlechthin ist; alle, die das Russentum oder das Deutschtum lieben; und alle, die an die uralte Mission des Judentums an der Menschheit glauben, die da meinen, wie Paulus die Judenchristen überwunden habe und der Apostel an den Völkern der Erde geworden sei in Nachfolge der Propheten, so seien auch sie Träger und Beweger der jüdischen Aufgabe in der Menschheit, jener Aufgabe, die da heißt: Bahnet den Weg, damit Gerechtigkeit werde. Solche fühlen sich im Besitze des wahren jüdischen Auftrages und Wesens, und im Streite berufen sie sich auf die Schrift, die sie in ihrem Geiste auslegen; und wer könnte sie vor ihnen selbst widerlegen? Und so stehen sie in allen Lagern der sozialen Revolution vornan: im demokratischen, welches durch die wachsende Einsicht der Menschen, durch Belehrung und Zwang des Beweises, wie durch die festgeglaubte Zwangsläufigkeit wirtschaftlicher Gesetze und Veränderungen ohne Gewalt die Ziele des Sozialismus: Gerechtigkeit auf Erden, erreichen möchte, und wie sehr jüdisch ist diese Ablehnung der Gewalt! — und im diktatorisch-kommunistischen, welches zu wissen glaubt, daß nur Macht, nur Befehl, nur Zwang der strengen Idee unter den Menschen zur Herrschaft verhelfen; daß sie, wie Mose das hadernde Volk, die unheilbar Widerspenstigen vernichten dürfen, daß zur Durchsetzung der Gerechtigkeit auch das Blut nicht gespart werden dürfe, welches ja zur Durchsetzung von Unrecht in Meeren vergossen wurde, und daß sie, Diener an der Idee und Propheten der Gerechtigkeit, von diesem ihrem reinen Diensttum und von der Natur des Menschen zu Tyrannei und Schrecken autorisiert seien, um, zum Heile der Völker selbst, ihnen heimzuzahlen, was sie am jüdischen Volke, dem Sinnbild alles Unterdrückten, an welchem alle bösen, vernichtenden, unreifen Instinkte dieser Völker hellstens sichtbar wurden, in zwei Jahrtausenden an Qual, Brand, Schande und Blut gesündigt haben — damit das Unheil gesühnt sei, und erst nach dieser Helfer- und Arztschaft, zu welcher sie von den Völkern selbst gehärtet wurden, die wahre Gesundung möglich werde. Die Rache als unfreiwillig erzeugtes Gift zur Heilung, die Qual des Judenvolkes, damit es zu dieser Kur hinreichend hart und erbarmungslos werde, die keine weniger geglühte und gehämmerte Menschart auszuüben stark genug sei; Terror aus Güte, Blutvergießen aus weiser Erbarmung ... es ist viel „Altes Testament" in dieser Haltung, die uns schauerlich dünkt und verfehlt, aber es ist ein großer Blick auf Geschichte und Ethik vonnöten, damit dieser Typus sich selbst konzipieren könne.

Wie aber antwortet die andere Jugend des jüdischen Volkes

auf diese ihre eigenen Antriebe? Diejenige besonders, der ihre Bindung an Judentum und Judenvolk so primär und stark ist, daß sie aus ihr herauszutreten weder vermag noch will? Der das Judentum und seine Antworten auf die Triebe der Jugend nicht zu romantisch, zu „national", zu kleinlich sind? Auch hier entfalten sich mehrere Möglichkeiten. Da ist der Jüngling, dem das Judentum in seinen religiösen Büchern beschlossen liegt. Seine Augen, klein, entzündet vielleicht von zahllosen Nachtwachen und von ihnen für das Irdische geschwächt, sehen hinter den Gesetzen und den tief sinnvollen Auslegungen der Talmudisten die unendliche Aufgabe: zu lernen und das Gelernte zu leben. Arm, linkisch, mit hilflosem Munde verneint er das lebendige Leben und die Lockung der Zeit: ein lebendigeres Leben und die Ewigkeit sieht er mit dem Geiste, und voll Demut hofft er, im Kampfe mit dem Bösen ein Gehilfe und Diener der großen Lehrer dereinst zu werden. Eine rührende Reinheit liegt über dem Leben dieser Jünglinge, denn die Lehre ist ihnen zuerst und zuletzt nicht das zu Wissende, sondern das zu Lebende. Wohl beseelt sie die Angst, den Weg nicht gehen zu können, den die großen Weisen gegangen sind, aber nicht aus Schwäche, sondern weil sie von sich das Unerhörte fordern: ihr junges Leben ganz und gar, ohne Rest, mit den Geboten identisch zu machen. Es gibt Gebote, die man nur in Erez Israel erfüllen kann — also werden sie nach Palästina gehen. Es ist ein Gebot, zu heiraten und Kinder zu haben: sie werden es tun. Sie werden in der Lehre forschen, Tag und Nacht. Und sie werden all die „Laster" und irdischen Triebe und die wahren Feinde des Menschen: Ehrgeiz, Hochmut, Härte, Geldgier, Lüge und Heuchelei — diese werden sie ausrotten: aber nicht mit dem Wort bei andern, sondern zuerst bei sich selbst, unermüdlich, ohne jede Verzärtelung. Auch sie sind Helden, diese Schüler der Jeschiboth

und Talmud-Thora. Sie sind jüdische „Studenten", aber man suche die Parallelen dazu bei den Völkern! Vielleicht findet man sie in den Schulen großer katholischer Klöster. Denn das sind die einzigen Mönche des Judentums, und sie sind nicht einmal Kleriker, denn das Studium des Talmuds und seiner Literatur betrifft das ganze Leben, und der Rabbi ist kein Geistlicher, eher ein Ratgeber, Weiser und Richter. Arm sind die Jeschiba-Bachurim, aber noch bedürfnisloser als arm; häßlich sind sie manchmal, aber ganz sicher sind sie glücklich. Glücklich noch, wenn sie hungern, glücklich noch, wenn sie sich plagen, leiden, sich anklagen, weinen. Glücklich, denn sie haben einen Weg, und ihre Geste, mit der sie sich von der Welt abwenden, ist ohne jedes Gift und Ressentiment das Senken des Kopfes über die aufgeschlagenen Seiten. Es ist kein Verzicht darin, denn sie ziehen das Buch weit vor, es macht sie selig. Unnütz zu sagen, daß ihr Geist von makelloser Klarheit und Schärfe ist. Sie haben eine Art, Probleme geistiger Unterscheidungen nicht zu zergliedern, sondern anzuschauen, die der modernsten Philosophie in den Antrieben nahekommt. (Daher findet man bei Ostjuden gelegentlich die Bücher und das Porträt Henri Bergsons; einer der begabtesten Schüler Husserls war ein Ostjude.) Ihr Leben vollzieht sich jenseits der Politik, der Kunst und der Handarbeit. Es ist Kontemplation: aber ringende, sich läuternde, schreitende, jüdische. Und Zornfeuer schlägt in sie nur, wenn sie mit ihren Antipoden zusammenstoßen: dem Geschäftemacher, dem nichts als Händler.

Diesen gibt es — und es gibt Deutsche, die im Osten nur ihn gefunden haben. Darüber ist nichts weiter zu sagen, als daß der Westmensch mit Schemata ins Ausland geht, die ihm die Zeitung beibringt, die er liest, und die Schule, die er besuchte. Er sieht in Serbien, dem Lande der edelsten und liebenswerte-

sten Westslawen, Läuse; in England, wo die Antike noch lebendig angeschaut wird, wo die Bildung noch auf den ganzen
Menschen wirkt und wo dem Arbeiter der menschenwürdigste
standard of life durch radikale bürgerliche Gesetzgebung ermöglicht wurde, Sport und business; in Italien Schmutz und
harmlose Gaunerei, in Deutschland Treue und Biedersinn, in
Rußland Trunksucht und bei den Ostjuden kriecherische Ser-
vilität, Faulheit, Schacher und grenzenlosen Unterschleif. Daß
sich mit ihnen, solchen Betrachtern, nur Juden eingelassen
haben, die ihrer würdig sind, — was wissen sie davon. Daß
sie den Juden fanden, den sie brauchten und erwarteten, —
wie sollten sie's ahnen. Oh, wie andere Völker ihre jungen
Lüstlinge und Mörder haben, haben wir unsere jungen Scha-
cherer und Händler, denen, um zu steigen, um Ansehen und
Macht zu haben, alles feil ist; die ohne jede Beziehung zu den
Dingen, ohne jedes Gefühl für die Ehrwürdigkeit von Treu
und Glauben, ohne jede Scham in allem nur den Geld- und
Mehrwert sehen; die schieben und gaunern und heute Frauen,
morgen Leder, und übermorgen politische Nachrichten an-
bieten. Wir haben sie und hassen sie. Es sind Monstra und sie
sind selten wie Monstra oder häufig in monströsen Zeiten. Ein
Knecht, der im Trunk, weil ihm der Lohn, der lange sauer
verdiente, verweigert wird, damit er ihn nicht gleich versaufe,
seinen schlafenden Brotherrn mit der Axt erschlägt, und der
zunächst die Kinder hinausjagt, damit sie es nicht sehen, ein
solcher Mensch ist uns brüderlich und näher als sie. Aber ein
Offizier, der gedeckt von seiner Uniform und ganz ausgefüllt
von einer Verordnung einen litauischen Alten und seine acht
Söhne vor ihrem Hause erschießen läßt, da sich in diesem
Hause eine alte Flinte gefunden hat, die sie nicht abgeliefert
haben, töten läßt, obwohl sie von ihrem Vorhandensein oder
dem Ablieferungs-Befehl nichts gewußt zu haben behaupten

— ein solcher Mann, der das als Werkzeug des Wahnsinns vollbringt und darin Pflichterfüllung sieht, ist uns mondfern und verächtlicher als ein Mädchenhändler.

Wo der junge Jude aber nicht von einer neuen Idee hinausgetrieben wird über sich, wo er nicht mit der Vertiefung in das Alte seine Heiligung findet — der junge Jude des Durchschnitts ist in keiner glücklichen Haut behaust, auch wenn er sich nicht ohne Rest dem Handels- oder Erwerbstaumel verfallen fühlt. Dieses Kinn, bärtig und verhüllt, liegt nicht gerade frisch und jung auf seinem Halse; die Unrast der Augen ist uns wohlbekannt, das verzehrte Gesicht verrät den völligen Mangel an Abspannung, an Ruhenkönnen, und der Mund ist so geschwätzig, so verstört, so sehr enthäutet . . . Ununterbrochen gehen die Gedanken in diesem Kopfe; ununterbrochen hört das innere Ohr sich selber zu, als wäre das Herz des Menschen in sein Gehirn und sein Gehör verlegt. Er nimmt auf, indem er etwas Dargebotenes in Worte faßt. (Daher gleitet der Jude so leicht in die Journalistik, Literatur und Advokatur: das Wort, das gesprochene Wort dominiert.) Er verarbeitet, er produziert sprechend. Die Methode des Talmud-Lernens, alle ankommenden, einfallenden Worte zu verlauten, stammt aus diesem Zwang; er schafft Redner und Lehrer. Die ewige Wachheit dieses Typs setzt ihn in hoffnungslosen Gegensatz zur Ebene, zum Gebirge. Er kann damit nichts anfangen; sie sind ihm nur Hintergrund zum Gespräch. Aber der große Strom und das Meer, das rauschende, ruhelose ist ihm vertraut: es fängt ihn ein; Schach ist seine sublimste Erholung, Karten seine gewöhnlichste, ein menschenvolles gesprächerfülltes Café sein geometrischer Ort, der auch in einer gartenumrauschten Nacht zentral wirkt. (Wie schön diese Städte alle von Natur umgeben sind, Kowno, Grodno, Wilna, selbst Bialystok — wäre nicht die

sommerlich-russische Datschen- oder Landhaus-Sitte herr-
schend, nur die allerlyrischsten Kinder zöge es hinaus.) Sein
Körper ist für diesen Juden nur als Träger der Gesundheit
da — nach dieser Seite oft lächerlich verzärtelt — nicht als
Selbstwert. Hier rächt sich das sexuelle Ethos der Bibel am
einzelnen Manne, wie es sich, vorher betrachtet, im Anfang
der Ehe an der Frau rächt. Die vitalen Werte des Mannes
leiden Not: Kraft, Gewandtheit, Wanderfreude, Körper-
übung, Elastizität, körperliche Jugend, gesunde körperliche
Schönheit. Die abgeklärte, seelenvolle und adlige Schönheit
des reifen Mannes und des Greises hat als jünglingshafte Vor-
stufe eine vor Geistigkeit funkelnde Schönheit der Köpfe —
aber die einfältig edle Schönheit, die der Jugend berauschend
ansteht, bei Mädchen häufig, bei Kindern überall, fehlt den
jungen Männern (vielleicht nur in so jungmännerloser
Epoche wie der unserer Okkupation) häufiger als bei Russen
oder Europäern. Die Freude am Körper, das Glück der Nackt-
heit, das Bad um seiner selbst willen — all das ist im Ghetto
nicht möglich. Und da erotische Kultur Körperkultur zur
Voraussetzung hat, verstehe man, warum gesetzmäßig in
jeder Generation ästhetisch empfindliche Mädchen zu nicht-
jüdischen oder westjüdischen jungen Männern ihre Zuflucht
nehmen. Ich glaube zu hören, wie empörte Stimmen den
Heidenjuden verdammen, der von so antiken, so griechischen
Werten im Tone der Liebe zu reden wagt, und ich nicke den
Grollenden gelassen zu. Es gab im Judentum Strömungen,
die im Schir Haschirim ihren Ausdruck fanden, und solche,
die im postpaulinischen Christentum gipfelten. Welche
jüdischer sind, entscheide ich nicht. Ich wähle die erste,
und ich sehe klar, daß viel Jugend mir recht gibt, im Osten,
hier, und in Palästina. Es wird darauf ankommen, den
„bösen Trieb" kat exochen wieder in einen guten Trieb zu

verwandeln, die Unbefangenheit der Sinne wiederzugewinnen, und die bösartige Verstockung, die im nordischen Klima aus der Geschlechtsanschauung des späten Judentums mit Notwendigkeit stammt, in südlicheren Landen naiver, südlicher, fröhlicher aufzulockern. Il faut re-méditerraniser le Judaisme, um mit Nietzsche zu reden.

Hängt mit dieser Mittelmeernatur der Juden seine Begabung für die Schauspielkunst zusammen? Sicher ist, daß die drei, vier Mittelmeer-anwohnenden Völker starke mimische Tendenzen haben: Griechen, Italiener, Spanier, Franzosen, Juden haben oder hatten eine mimische Begabung, deren Kennzeichen nicht ihre geniehaften Höhen sind, sondern die fabelhafte Allgemeinheit eines durchschnittlichen Ausdrucksvermögens, deren Hauptträger Geste, Sprache und Gesicht sind. So ist das produktive und rezeptive Verhältnis des östlichen Juden zum Theater äußerst intensiv, und der Schauspieler einer von zwei ganz populären Künstlertypen. Ihm verzeiht man das modern bartlose Gesicht gern; das Modellierte und Gefaltete darin, der äußerst markierte Mund, die beweglichen und ausdrucksvollen Brauen werden angesehen wie eine ehrende Uniform oder wie ein Orden. Der Schritt vom Dilettanten zum Berufsschauspieler und der vom Schauspieler zum theaterlosen Menschen vollzieht sich mit einer Leichtigkeit, die im Westen undenkbar ist. Die beste ostjüdische Truppe — das Theater wandert im Osten noch — die „Kameradschaft Wilnaer Schauspieler", kurz die „Wilnaer" genannt, bestand zum größten Teil aus Dilettanten, die in der erzwungenen Muße des Krieges schauspielten, und deren Leistung als Ensemble im naturalistischen Drama so ungewöhnlich gut wurden, daß der Erfolg ihnen überall treu blieb. Trotzdem traten einige der begabtesten „Kameraden" nach und nach aus privaten Gründen ins private Leben, sie

Struck

verschwanden schlicht. Nun ist wohl wahr, daß an dem Erfolg der Wert der Leistung nicht ermessen werden kann, denn dieses Publikum, für alles Jüdische enthusiasmierbar, bereitet auch schlechten Truppen ausverkaufte, vor Beifall brechende Häuser; aber schon durch diese Teilnahme des sonst kritischen Juden zeigt sich die besondere Stellung des Theaters an: es ist noch Ausdruck nationaler Hoffnungen, der Rhythmus des Volkes und seine Empfindungen werden vom Auftreten des Schauspielers gesteigert und beschwingt; durch die auf der Bühne in seinen Masken auftretenden Gestalten fühlt sich der Jude repräsentiert, gesteigert, gesichert, gefeiert — selbst von Leistungen noch, die wir nur als parodistisch-komisch empfinden können und die ins Gebiet der „Operette“, des nationalen Singvolksstückes fallen. Was den Juden so sehr erregt, ist vielleicht der ursprüngliche, magische Anteil des Volkes am Theater: daß, was dort oben auf der Bühne, feierlich ausgestellt, geschieht, Taten in Vertretung der ganzen Nation sind; daß jüdische Geschicke, so echt dargestellt (an sich meinthalben ganz unwahrscheinlich zusammengebaut), indem sie sich auf der Szene zum guten Ausgang wenden, die Macht haben, das Schicksal des dargestellten Volkes auch in der Wirklichkeit zum Guten zu wenden, zu sichern, dem Untergang zu entreißen, von dem der Jude sich stets bedroht fühlen muß ... So festigt die Szene das Seinsgefühl und rückt mit magischen Bedeutungen neben den Gottesdienst und seinen Vertreter, den zweiten volkstümlichen Künstler, den Chasan, den Vorbetersänger.

Er braucht weder jung noch edel auszusehen; seine Nase kann sinnlich verdickt sein, das Gesicht rot und fleischig, nicht allein vom Bart gealtert, sondern aufgepolstert von Fett; er darf selbstzufrieden dahergehen und mit seinen schweren Lidern aufgeplustert wie ein Täuberich unter der kostbaren

Struck

Fellmütze: aber er muß singen können. Seine Stimme muß metallen und besinnungslos anstürmend die Decke der „Schul" gen Himmel sprengen. Wenn er vor der heiligen Lade stehend, die Thora im Arm, von Tönen wie eine Fontäne steil emporgerissen wird, die aus seinem, der Gemeinde zugewandten Munde bricht; wenn er, über den Tisch gebeugt, seiner Stimme ein von Zerknirschung ersticktes, von Weinen unterhöhltes Timbre gibt (kunstvoll gibt, eine technische Leistung, nur leider nicht schlechthin Andacht), dann ist er selbst ganz produzierender und sich kontrollierender Sänger und zugleich Träger, bewußter Träger des heiligen Wortes, das zur vollen Ausdrucksmöglichkeit zu bringen sein Ehrgeiz ist — und der Spender einer Erschütterung, die weder mehr ganz Kunsterlebnis noch schon ganz Religion ist. Er erbaut die Gemeinde, und sie vergöttert seine Stimme, sein Können und seine Melodien. Damit ist er das lebende Symbol der Zeit. Zwitterlich zwischen ästhetischer und religiöser Wirkung, strahlend, volkstümlich, naiv eitel, nicht ganz ohne Gewinnfreude, und der üppige Ausdruck einer heftigen Naturbegabung, die nur selten zu reiner, unmittelbar erhobener Leistung gerät — so ist er der Ausdruck dieser Generation, welche jetzt um die Mitte der Dreißig den Ausgang eines äußerst entscheidenden Geschlechts von Juden darstellt. Oft geht er auf etliche Jahre, Jahrzehnte zur Bühne, um den Rigoletto oder andere Operngestalten mit seiner Stimme zu vergolden, oft kehrt er später zur Synagoge zurück, mit halbverbrauchter Stimme, ohne die Größe seines Aufgangs, von dem die Väter ihren Kindern berichten und der schon legendar wird — kein ganzer Mensch, kein „amoliger Jid", aber auch keine der neuen Zeit entschlossen zugewandte Gestalt — ein Zwitter, ein Sinnbild.

Aber es wäre grenzenlos ungerecht, mit diesem Aspekt von

der heutigen ostjüdischen Jugend scheiden zu wollen, und wir scheiden auch nicht. Unter dem Sinnbild der Kinder wenden wir uns noch immer heutiger Jugend zu, denn die Generationen drängen sich ineinander — und stehen nicht klar voneinander geschieden — wie die Stimmen einer Fuge. Ein vergangener Abend belebt sich wieder. Gewitter steht über der Stadt wie heute, da ich dies schreibe. Grellweich schnellt Lichtblau in die Nacht, Blitzbäume wachsen augenblicklich schweigend und stürzen krachend ein, als schmettere ihr Fall durch die Kruste dieser Glutblase ins Magma. Das war die Zeit, da lebten wir Julinächte der Geselligkeit. Wenn der Regen ans Fenster sauste wie jetzt und vielleicht Duft aufstieg von den gemähten Wiesen wie jetzt, rund um die Stadt wie Atem eines singenden Sterns — wir aber spürtens nicht bei verhängten Fenstern, damit unser verbotenes Mitternachtslicht nicht Patrouillen rufe und Polizei; Trunk, Rede, Lachen, Tänze um die Tische — und die Lieder! Die Lieder! In deren Melos Geruch und Wehmut von großer Weisheit, die Süße großer Weisheit war wie in altem zartem Wein: von Gemeinschaftsliedern mit Kehrreimen in denen, da heute der heilige Sabbath ausging — und wir feierten Hawdoloh bis nach Mitternacht — die gute Woche herbeigewünscht wurde; von verzückten Liedern, die trunken von Gott und vom Gottsuchen im Abschwellen der Strophe nur noch Du! Du! stammelten — — bis zu jenen revolutionären Gesängen, unter deren gefaßt mannhaftem Klang ganze Gefängnisse zum tapferen Tode, zum aufrechten jüdischen Tode für die Idee — und nicht für die Macht! für den Menschen — und nicht für Herrscher! einsam am schweigenden Galgen — und nicht im besinnungslosen Trab durch Sperrfeuer in der Kolonne der Kameraden, mit der Aussicht auf Rettung — geschritten waren. Solch Gefühl, welche Lieder: alle Quellen rissen sie auf! Gewitter über der Welt! Man kam von dreizehn Monaten Verdun, hatte Serbien auf dem Richtblock gesehen, Lille in der Besetzungs-Erdrosselung: und da rieft ihr auf! Scharen von Seelen — Scharen von revolutionären Gesichtern im Blitzbaum hängend wie triumphierende Früchte: in diesen Liedern standet ihr da, jüdisches Volk. Ihr hattet die Rettung. Ihr wart jung, euer Glauben reichte nicht allein an die erneuende Zukunft des Volkes in dem alten Lande, — dorthin auch der westliche gereicht hatte — sondern an die erneuende Revolutionszukunft Europas, an den Sozialismus auf der Erde. Und obwohl wir heute Verschiedenes darunter denken: seit euren Liedern reicht auch der meine dorthin.

Kehren wir zurück. Gesang, Gesang. Junge Juden, aus denen Vergangenheit, Gegenwart und Zukunft singen wie weissagende Nebel aus jungen Rissen des alten Felsens DAUER: formende Kraft geht von euch aus. Nicht allein die Stimmen, die Körper sangen, und sangen uns um. Je und je, singend, entgeht ihr eurer persönlichen Ichverhaftung und taucht zurück ins Sein des Volkes, welches eines ist, ob es auch wechsele. Dann werdet ihr, just aufgetauchte Welle, Geschenk der Dauer: indem ihr euch mit allen Rückwärtigen verbunden fühlt und ohne es nichts wäret, besteht euer Sein im Vorwärtsgehen, und darin erfüllt ihr eure Gegenwart. Ihr seid ein Stück geborener Melodie — Musik, deren Metaphysik im Willen der Welt zur Zukunft beschlossen ist.

Der Jude, musikalisch in allen Adern, steht in geheimnisvoller Beziehung zu jenem Dunkeln, Fließenden, Bewegenden, das ebenfalls Dauer heißt und ein zeugender Dämon ist. Geschlechter gehen hin, Geschlechter schwinden wie immer leiser werdende, langsamer wandernde Takte einer Melodie: aber so oft auch eine Stimme der vielstimmigen Fuge zu Ende geht und schweigt: immer wieder setzt hell, jauchzend und

knabensüß ein frischer Atem ein, oben, hoch, und reißt den
ganzen Satz zu neuer Bewegung auf: oft mit einer Umkehrung des vorigen Themas, oft mit unvorhergesehener Varia-
tion, immer mit einer strömend jungen, unberührten, aus
dem Wesen der Dauer selbst wie Morgenröte aus der Nacht
schwächelos entsteigenden und beseligenden Helle. Das sind
die Stimmen der Kinder, für die der Greise von den beiden
großen Dunklen eingetauscht, von Tod und Dauer.   Und
erschütternd, wenn aus den hellen jungen Stimmen Mal um
Mal ein Thema, das Urthema, bricht, mit dem die große
jüdische Fuge einsetzte, gewaltig, unstillbar und rastlos wie
die Verheißung, mit der das Volk aus den Morgennebeln der
Geschichte tritt: das Fortissimo

„Kanaan".

V.

Vertieft in sein Buch, den Mund vorgewölbt aus Anteilnahme, so sitzt er mit aufgestelltem Kragen in der
Sonne und liest — ein armer Kerl ohne Zweifel, dessen Leben
nach der Ergänzung durch schwingende Phantasie bitter
drängt. Und so sitzen sie alle einmal, die Jungen, die ganz
Jungen, und stürzen sich aus der Gewöhnlichkeit aufs
Schwung- und Sprungbrett des Buches. Aber sie bleiben nicht
beim Lesen. Sie fahren nicht starr in bürgerlichen Ge-
leisen. So soll es werden! rufen sie sich zu; das Leben
auf der Erde soll werden wie es in Büchern steht, frei, bunt,
windbewegt, aufregend — und doch soll es uns nicht aus der
Judenheit herausführen! Zu welchem Ende sind meine
Sprache, meine Ideale, meine Mittel, Gang, Haltung, Aussehen und Geist anders als die von Litauern, Polen oder Deutschen? Verwandt aber eigenartig? Ich will nicht werden wie
sie — sondern ebenso viel wie sie, ja, mehr als sie alle, denn
ohne den Geist meiner Urväter wären sie alle nicht geworden,
was sie sind; ich aber, ich bin ohne den ihrer Urväter noch,
was ich bin! Und will ich, so lerne ich den ihren noch dazu,
ohne aufzugeben, was ich bin! Denn ich bin zu viel mehr ver-
pflichtet als sie — solche Ahnen und eine so entstellte Gegenwart verpflichten mich, viel zu wollen! Muß so nicht die Grund-
stimmung einer Jugend sein, die, in Armut erwachsen und der
Ungerechtigkeit und Härte der Umwelt, des Lebens in jeder
Form früh ausgesetzt, das jüdische Ideal gerechten Lebens
im Blute, zugleich den trotzigen und in sich gründenden Willen zeigt, ihr Wesen rein zu erhalten, das heißt: sozialistische

Lehren auf jüdisch darzuleben? Sollte nicht der Kern des
Judentums, der dumpf hellsichtige Wille zur Selbsterhaltung
um der jüdischen Aufgabe willen, in neuen Geschlechtern
neue Formen annehmen, ein Fechter, der jede Waffe pa-
rieren kann, mit der der Zeitgeist ihn auflösend angreift?
Dreimal ja: die Jungen mußten den Schritt tun, der sie über
die mechanisch konzipierte sozialistische Idee zur organisch
konzipierten brachte: der Sozialismus, getragen in das jüdische Volksleben, erzeugte die verschiedensten Grade von
reiner Darstellung seiner selbst. Von einem jüdischen Sozialismus an, der reiner Marxismus ist und gleichsam als seine
Agitationsprovinz die jüdisch sprechenden Menschen betrachtet, bis zu einem reinen Sozialismus, der der Prägung
des erschütternd starken Menschen und gemordeten Führers
Gustav Landauer ganz nahe kam — in kleinen Siedelungen,
ohne Staat, aus gemeinschaftlichem, antipolitischem Geiste
heraus, unter Gemeinbesitz an Grund und Boden und den entscheidenden Produktionsmitteln den sozialistischen Geist zu
leben, im jüdischen Lande, dem Lande unserer Arbeit und
Erfüllung — hat er mehrere Grade immer reinerer Inkar-
nierung gefunden. Und man braucht nur die Frage zu stellen, wo der Aufbau wirklich als reiner Aufbau möglich ist,
ohne daß der Fluch der Zerstörung von vorn herein auf dem
neuen Gebilde liegt, um sich zu vergewissern, daß es keine
Voreingenommenheit ist, zu sagen: der kolonisierende
palästinensische Sozialismus ist wirklich eine reinere Darstellung der Idee als jeder, der erst gewalttätig zerstören muß,
um aufbauen zu können. Das aus sich rollende Rad, der
wahre Anbeginn ist Symbol jeder Schöpfung. Und wenn
irgend etwas, ist Sozialismus Schöpfung. Alle Härte, Männlichkeit, Zeugerkraft, welche der gewalthafte Sozialismus als
Kraft der Zerstörung bewähren muß, wird von dem unseren

zu reinem Aufbau befreit werden können. Mag der Zionismus als bourgeoise Bewegung begonnen haben, mögen noch heute neben den traditionstreuen die bürgerlichen Elemente in ihm die meisten Stimmen haben: seine Kraft, seine Bürgen sind die jungen zionistischen Sozialistenbünde, und ihrer ist die Wirkung. Denn was heute in Palästina baut, arbeitet, schafft, sind Menschen dieser Prägung, Ostjuden, welche von den beiden treibenden Kräften: Arbeit und Land umgeprägt worden sind, und denen sich von der anderen Peripherie her die beste westjüdische Jugend brüderlich zugesellt. Denn eines hat im Zionismus von jeher gelegen: die Idee der jüdischen Erneuerung war schon in Herzl, wenn auch erst Buber die ganze Tiefe dieser Idee als Aufgabe erfaßt und gelehrt hat, hierin wie in so vielem noch der erste große Lehrer des jungen Judentums. Erneuerung: das ist die Scheidung zwischen uns und den anderen. Denn dem bürgerlichen Zionisten bleibt diese Erneuerung eine körperliche, möglicherweise eine nationale Angelegenheit; uns ist sie eine Angelegenheit des Menschen im tiefsten Ganzen und Wesen — eine religiöse. Und dem thoratreuen Juden kann sie mit Notwendigkeit nur ein Wegweiser „zurück zur Thora" sein, zum ganzen Gesetz, zum Leben wie es war — und die Besten von ihnen sehen es groß und rein an und leben es mit herrlichem Heroismus schon heute — — während wir in uns den Impuls, die Stimme hören, daß die Erneuerung neuen Geist und neue Form des Lebens bringen muß, Wahrheit, die aus dem Rhythmus vorwärts gewandter Generationen springt, für welche die Wiederherstellung von uns erstorbenen Bräuchen einen romantischen und künstlichen irrweghaften und unwahrhaftigen Charakter notwendig haben müßte. Der Geist der Gemeinschaft, um den wir ringen, daß er uns erfülle, muß sich frei aus unserem Leben die Formen seiner Erfüllung selbst schaffen: die

Namen Gottes müssen sich uns aufs neue offenbaren. Denn heute ist er wieder: der unbekannte Gott. „Ich werde sein, der ich sein werde". Mögen wir erkoren sein, Diener dieses Ewigwerdenden zu heißen in den Völkern.

Arbeit und Land — die wirkenden Kräfte sind im Ostjuden tätig gewesen von jeher, Land als Sehnsucht, Arbeit in ihrer harten, selbst entgeisteten und doch auch so noch halbfreudigen Form. Knabe, aus dessen schmalem Gesicht der bräunliche Adel deiner Rasse funkelt; du schlanke Geschmeidigkeit im wüsten plumpen Kittel: nicht das ist der Sinn deines Tuns, daß du die Schornsteine dieses Städtchens als Gehilfe eines Meisters fegen sollst. Sondern in der Abhärtung deines Leibes, in der Stärkung deiner Arme, in der unermüdlichen Anspannung deines Willens liegt sie. Der du die Härte der Arbeit gelernt hast: nicht im Ruß der Rauchfänge sollst du sie üben, sondern im Anhauch des Meeres, im heißen Odem der sommerüberblauten Erde und im Geruch des Fiebers, und diese, die Arbeit am Lande wird es sein, die dich den Sinn der Arbeit lehrt! „Arbeit, das fördernde und formende Wirken des Menschen an der Erde und ihren Schätzen ist Dienst an Gottes Eigentum": Buber. Und sie wird dir etwas schenken, was du, Knabe, nur unbewußt kennst: die Lust an deinem Körper, diese jauchzende und federnde Freude am Dienst der Muskeln und am Schnellen des Blutes in den nährenden Adern, die allein des Menschen Freiheit würdig auszudrücken imstande ist. Wer nie seine Schulter der eisernen Last einer eisernen Schiene entgegengepreßt, nie mit der Spitzhacke steinern gefrorener Erde eine befohlene Form abgetrotzt hat, der weiß nicht, was Menschenwille und Menschenleib für macht- und prachtvolle Diener sind; er kennt nicht sich und nicht den Menschen. Das wilde Lachen vor dem Widerstand der Materie in ihrer krassesten Form

ist das männlichste Lachen unter dem Himmel, und die Erschöpfung noch nach dieser Anstrengung ist fruchtbarer als jede andere; sie kann glücklich machen, wenn der Arbeitende frei wollender Diener am bejahten Werke ist. Der du deine Katzenschultern durch die engste Esse noch zu zwängen lerntest: du wirst lachen lernen wie Juden seit Geschlechtern nicht mehr gelacht haben, das Gelächter deines freien Leibes wird dir um Augen und Zähne blitzen, Knabe, Knabe! Sie wird dir den Körper wiederschenken, den du einst hattest, als Joschua ein Nadelschmied war und Jochanan ein Schuster; aber braucht es denn ein anderer zu sein? Bist du denn nicht, wenn man dir, Kind, eine Mütze des Orients aufsetzt, wie vor den Mauern Sichems gesehen? Dein Leib wird nur nicht mehr lichtlos, luftlos, unter schweren Kleidern in menschenüberfüllten Stuben und miasmatischen Gassen ersticken, er wird das als Mann noch und alltäglich zeigen, was als Kind alltäglich, als Mann so erschütternd selten unter uns offenbar ist: Leibeskraft und -schöne. Und du wirst, wenn du als arbeitsfroher und arbeitlernender Knabe aufwächst, zugleich zwei große Gnaden empfangen: die Würde der schaffenden Tätigkeit begreifen und den Geist des wahren Tauschens und Vertauschens empfangen; denn nur wer beziehungslos zum Herzen der Dinge existiert, wer sie sich ohne werbende Mühe für Geld beschafft, ohne vom Wesen dieses Dinges, wie es mühsam geschaffen ward oder sorgenbestreut wuchs, angerührt zu sein, nur der kann es um Geldesmehrwerts willen und berufsmäßig verkaufen. Kauf und Verkauf, gerechter Tausch sind dem Menschen angemessen; aber eine Nation von Händlern bliebe eine Krankheit an ihm. Und obwohl im Ostjuden der arbeitende Mensch stets einen Hauptteil des Volkes ausmachte, im Westjuden ist es anders, und furchtbar wirbt das leichte und muskelarbeitslose Leben des

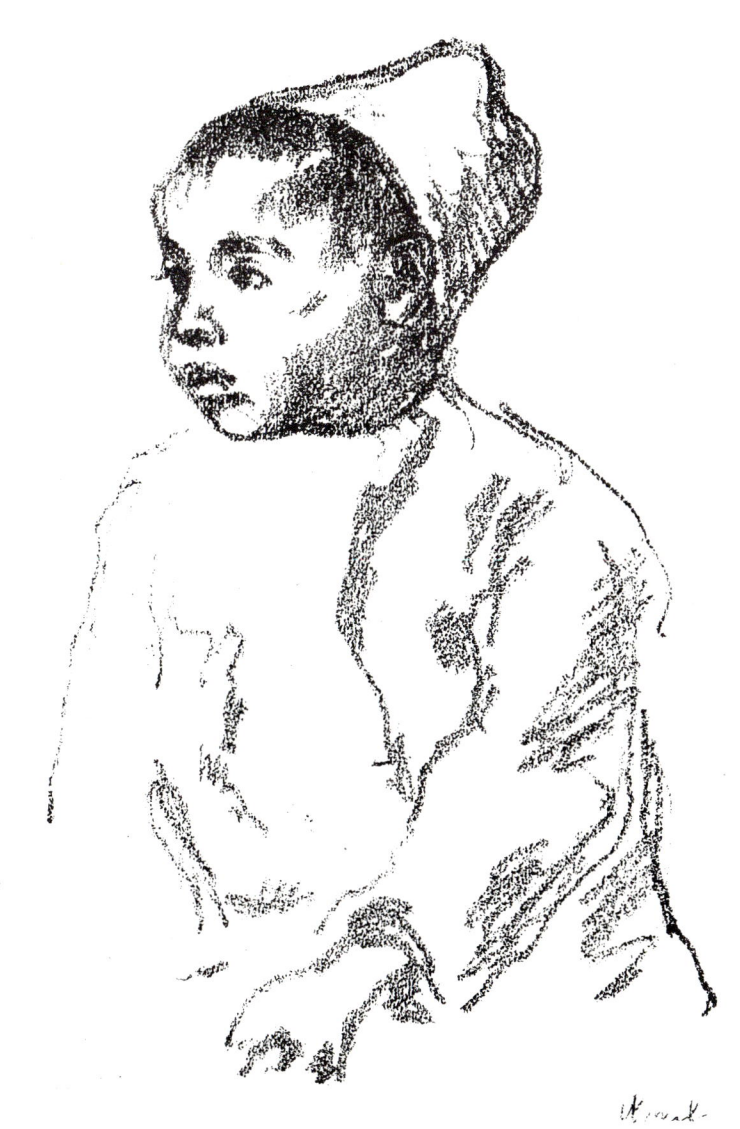

Händlers unter allen Völkern, so auch unter den Juden. Es ist eine perverse Ordnung, wo der Verkaufende mehr gilt als der Erzeugende, und richtiger fast erscheint dann die Sitte früherer Dörfer, wo nur einen Laden aufmachte, wer der Arbeitskraft beraubt war: der Alte, der Krüppel und die Witwe. Wir müssen die Weltordnung, die von kapitalistischen Zeiten auf den Kopf gestellt worden ist und in die sich der Jude, halb gezwungen, dann sehr gern eingereiht hat, wieder auf ihre Füße stellen, und wenn wir dabei auch eine Zeitlang ins andere Extrem schlagen sollten: nach dem „leichteren Leben" zu gleicht sich das Extrem sehr schnell von selbst aus, wie zu ihrem eigenen Schaden alle die Völker erfahren mußten, die dem Juden die verachtesten Geldgeschäfte aufzwangen: ihre eigene Wertordnung ward allmählich angesteckt, umgekehrt schließlich und ganz zerrüttet. Du wirst kein Schieber und Schacherjude werden, mein Junge! Deine kindliche Arglosigkeit, welche wie die drollig-heilige Anmut eines jungen Tieres über dir liegt, wird sich im Manne zu jener treuherzigen und freundlichen Kameradschaft entwickeln, die den kräftigen Menschen so oft, und heute schon nicht nur im Osten, zu einem so ansteckenden Menschen- und Judentypus macht. Wir wissen nicht, ob es geborene Händler-Völker gibt, und wir glauben es nicht; aber wir wissen, daß man den Juden durch eine gegen ihn gerichtete Wirtschaftsgesetzgebung zum Städter gemacht hat, und daß Zwang und Beispiel, Gewöhnung und Suggestion, es könne gar nicht anders sein, über tausend Jahre an ihm geformt haben. Wenn nun trotzdem Judenjugend in wenigen Jahren diese Suggestion über den Haufen zu werfen fähig war, wenn sich überhaupt jüdische Arbeiter am Boden durch den bloßen Willen darstellen konnten — so beweist das für jeden, der denken will, zum mindesten, daß dieser Suggestion das Urwesen des Volkes nicht entgegenkam. Und mehr Einsicht verlangen wir nicht; diese aber erwarten wir. Ein Volk ist ein Lebewesen, in welchem eine Fülle von Eroberungsformen möglich sind, um den Drang nach Ausbreitung im Raum und in der Zeit, den jedes Leben hat, zu stillen. Und wenn die Pfahlwurzel einer Pflanze, die bei ihrem Grundwärtsstreben auf eine Schuhsohle trifft, diesem Haltgebot nicht folgt, sondern sich wie eine Faserwurzel in soviel Strähnen teilt, als diese Sohle Nahtlöcher aufweist, um so das Hindernis zu nehmen und unterhalb seiner dennoch wieder zur Pfahlwurzel zusammenzuquellen, — so ist in diesem Bilde alles enthalten: wie wir zu Händlern wurden und wie wir's zu sein aufhören.

Kinder sind ja so bildsam wie nichts sonst. Selbst das Widerstehende vermögen sie zu lernen; um wieviel mehr folgen sie der Leitung, die nur ihre Impulse selbst ins Reine, Heitere und Tätige führen will. Nichts ist leichter, als sie vom Irrwahn des Besitzenwollens zu heilen: denn der Trieb nach Besitz, den schon das Tier in seinem Verhältnis zu eigener Höhle und eigenem Freßnapf, eigenem Nistplatz und selbstgetötetem Futter andeutet, ist im Menschen so sehr ausgeartet, daß er zum Dämon auf der Erde geworden ist. Wo ist die Zeit hin, da Erde und Äcker, Wald und Wasser, Wiese und Weide Gemeinbesitz waren, wo der Mensch diesen Allgemeinheiten mit dem Gelüste des Herausschneidens, des Für-sich-habens gar nicht nahen konnte, da diese Gegebenheiten schon dem bloßen Trieb danach entrückt waren, als Gut Aller! Wir müssen die Allmacht des Besitzes wieder einschränken auf das Besitzbare, auf Wohnungsraum und Kleid, auf Spielgerät und Werkzeug des privaten Lebens. Wir müssen den Menschen wieder lehren, daß der Boden Allen oder Gott gehört und die arbeitenden Maschinen der Allge-

11*

meinheit, der sie nützen. Wie Eisenbahnen und Landstraßen müssen in einem wohlgegründeten Gemeinwesen Fabriken und Boden Allen gehören, und dieser Zustand, heute unerhört, würde schon nach einer Generation eben so natürlich anmuten wie der Gemeinbesitz an jenen Transportproduktiven jedem heutigen Kinde. Um wieviel sorgloser erwüchse der Mensch, um wieviel besser! Denn wahrhaftig, der grenzenlose Besitztrieb ist ein zerstörenderer Teufel für den Menschen als jeder andere ins Maßlose entartete Trieb, den Trieb zur Machtgewalt vielleicht ausgenommen; und da der Mensch nicht gut ist, sondern besser werden kann, wird die Verringerung des Bezirks besitzbarer Güter ihn besser machen. Wir aber, Volk der äußersten Spannungen, haben in uns nicht nur den extremen „Besitzer", den Kapitalisten der Zeitung, welcher die Meinungen und Bedürfnisse der Leute besitzt, sondern auch sein Gegenstück: den kommunistischen Arbeiter Palästinas und Rußlands. Sitzt nun ein Knabe, jetzt jung, nicht wie eine Zunge der Wagschalen mitten zwischen ihnen? Spricht nicht aus seiner wehrlosen Haltung die Passivität, welche zu jeder Richtung der Entscheidung aufgerufen werden kann? Ja, wenn man ihn gewähren lassen dürfte; wenn nicht die Zeit allein und das Leben in heutigen Städten die furchtbaren Gewichte des Verfalls und der Entseelung, der geistlosen Mechanisierung jeder echten menschlichen Beziehung in Händen hätten, und unaufhörlich geltend machten! Darum dürfen wir nicht schweigen, denn der Gegner schweigt nie — er, der uns selbst auf seine Irrwege zu locken die Gewalt hatte, er, der, als wir jung waren, uns sein verzerrendes Bild menschlichen Zusammenlebens einprägte! Obwohl wir unseren Instinkten und Einsichten folgend nicht ganz in seinen Bann fielen: welche Halbheit um uns, welches Gewohntsein an die Bedin-

gungen bürgerlicher Umwelt! Wer sind wir denn, heute und hier! Mit Schaudern müssen wir den Kindern sagen: werdet nicht wie wir! sondern mehr, sondern viel mehr! Sehet unsere Gebundenheit an und unsere Lähmung — nicht um über uns zu richten, sondern um es besser zu machen. Denn es genügt nicht, besten Willens zu sein und seine Nächsten zu lieben — all das haben wir versucht und davor warnen wir euch — wenn man sich zugleich wohlfühlen konnte in einer Zeit, deren grauenhafte Spannung zwischen geistiger Kultur und grenzenloser Not des proletarischen Daseins man nicht einmal bemerkte. Auch wir waren gutäugige, vertrauende und ganz kindliche Kinder — und was ist aus uns geworden? Mitschuldige der Zeit und des Grauens. Unsere Hände sind, unmittelbar wenigstens, rein von Blut, und wir haben niemals „mitgehaßt" und an gefangenen Menschen nach Kräften Kameradschaft geübt; das Land der Feinde war uns wie unser Land ehrfürchtig und ihr Gut ehrwürdiger als das unsre. Und doch, und doch! Wir haben nicht genug getan. Wir haben uns nicht entgegengestemmt. Wir haben das Übel nicht gewittert, wir sind der Lüge erlegen, wir haben dem Übel nicht widerstrebt ... Mit blasser oder blutvoller Bewahrung vor Befleckung ist nichts getan. Mit Reinlichkeit der Seele allein ist nichts getan. Widerstrebt dem Übel, Kinder, ja widerstrebt und helft uns, das Gute zu tun und das Frevelhafte einzudämmen. Denn wenn auch ihr eines Tages dasäßet wie wir, zerrieben, geschwächt, ungeeint und in allem Guten verzögert: wieder wäre die Hilfe an der Welt verschoben! Wieder wären Wagen Gottes zerbrochen und ihre Räder zu nützlichen oder anmutigen Feuerchen vergeudet. Ihr aber habt die Kraft noch, und euch darf man wieder mit Zutrauen ansprechen und mit Erschütterung betrachten. Wahrhaftig: in euren Mützen seht ihr aus wie die rechten Krieger des

Geistes, vorwärts zu spähen vermögt ihr wieder, Kundschafter seid ihr wieder, die Gott in die Ebenen verschickt und über die Flüsse! Knaben, Knaben, und ihr, Mädchen: vorwärts seht und weiter keinen Blick zurückgewendet, nachdem ihr uns wohl betrachtet habt! Euer Ziel ist: Aufrichtung eines gerechten Lebens. Euer Feind ist der Dämon des Geldes, der Eigensucht, des Handels und der Zeit. Eure Gefahr, und eine, die euch sehr deutlich umlockt und, viel heftiger als uns selbst je, umwirbt: ist Stolz auf euch selbst. Euer Untergang: sind wir. Wir, die wir viel verstehen und fast zu klug geworden wären, um hassen zu können. Es ist aber auch Haß ein Baustein des Tempels, und nur eines ist Baustein zu nichts: Selbstbewunderung, die euch ganz ohnmächtig und wertlos zu machen droht. Wir verlangen von euch, daß ihr der Sache des Menschen dient, wie ihr in besten Zeiten gedient worden ist: weil ihr Juden seid, und euch dies als Aufgabe gesetzt ist seitdem das Volk besteht. Es gibt keinen Streit für Gott als auf der Erde, es gibt keinen Dienst Gottes als im Leben mit den Menschen. Entweder sind alle Worte des Gesetzes und die Reden der Propheten und Jeschuas wörtlich gemeint, in diesem Leben und auf dieser Erde, oder wir Menschen alle sind weniger wert als Blumen oder Korn. Eure Augen mögen scharf blicken und dies nie mehr zu Verlierende ganz sehen: dem Menschen muß geholfen werden, und wir sind mit Allen, vor Allen berufen, weil wir älter sind als sie und so viel gelitten haben. Der Weg der Hilfe aber ist: daß wir zunächst zu uns selber kommen und mit zusammengebissenen Zähnen nur an uns selber, am eigenen Volksleibe, das Leben neu gestalten. Denn wir müssen erkennen, daß wir, wenn wir jetzt anderen Völkern Hilfe bringen wollen, weil wir sie neu, geblendet, ohne Wegweiser vor ihren Aufgaben stehen sehen, ratlos wo anzufangen und mit welchem Griff der Hand — wenn wir ihnen helfen wollen, weil wir sie sehr lieben, die jungen adligen und verschütteten Völker: erkennen, daß wir sie böser machen. Daß wir den Dämon in ihrer Brust, der „Gewalt" heißt wie unserer „Handel", anfeuern und ihm den Ausweg zeigen, auf den er verzweifelt lauert. Daß wir ihre Seelen nicht läutern, sondern verdüstern, blindzornig umherfahren lassen, die Seele Edoms! Möge das jeder von uns sehen und tief in seinem Herzen wägen. Wenn er dann aber sich entscheidet und sagt: die Zeit schreit nach mir, daß ich hier und an diesem Orte meine Tat tue, — so möge er hingehen, ein Opfer mehr.

Eure trotzigen Kriegerblicke, ihr jüdischen Knaben! Euer freier junger Haß gegen Entstellung und Gewalt, der euch der ganzen erneuenden Jugend Europas gesellt, ist der Verjüngungstrank der Zeit. Ja, es ist Unrat in der Welt, Berge von Unflat, Mord, Raub und Schacher, Länder und Völker werden verschachert, und Völker ersticken ihre eigene Zukunft, die Möglichkeit des eigenen Blühens, in Blut, Raub und Verfall. Jeder Mensch heute auf seinem Posten ist Herakles und Simson zugleich gesellt, und nie ist mehr kriegerischer Geist gegen den Teufel not gewesen als heute. Wie gut, daß ihr ihn habt! Daß ihr wie Rowdies und Helden des Geisterkriegs euch auf ihn stürzen könnt! Feigheit, Halbheit, Lauheit ist überall, und der gute Wille schwelt überall als Grund der Entschuldigung. Er genügt nicht, Knaben. Die Kraft muß hinzukommen. Die Männlichkeit des Mannes muß aufbauen, hingehen und anfangen. Und weil überall die Apostel des Krieges heimlich wühlen und öffentlich frech reden, wollen wir ihnen unser Credo ins Gesicht schreien: Jawohl, Krieg — gegen das Blutsaufen! Krieg gegen die Entartung des kriegerischen Geistes zum Diener idiotischer Zerstörungsmaschinen! Die Männlichkeit soll end-

lich wieder eine Tugend werden, nachdem sie fünf Jahre lang als Orkan der irregeführten Raserei geschändet worden ist. Eine Handvoll jüdischer Sozialisten und skandinavischer Polarforscher, amerikanischer Brückeningenieure, englischer oder deutscher Tropenkolonisatoren hat mehr Männlichkeit und kriegerische Kraft als ein Armeekorps preußischer Drilltodes-Opfer. In Flaubert und Cézanne war mehr gallische Tapferkeit als in Joffre, Nivelle und Foch. Karl Liebknecht, der gegen den Haß eines ganzen Landes stand, Rosa Luxemburg, da sie gegen den militärischen Geist und seine Träger focht, gegen Jahrgang um Jahrgang von Offizieren, gegen die Kaste der Menschen-Abrichter und -Hinrichter, war männlicher, kriegerischer, und soldatischer Tugend voller als Kluck oder Ludendorff. Denn was ein Mensch gestützt auf eine Menge Befehligter tut, das gilt nicht; was ein Mensch mit sich allein tut, vor sich allein, in Verbundenheit mit dem Geist des Lebens, das gilt! Knaben, gedenket der letzten Tage Gustav Landauers, wie er allein und unverborgen in einem Häuschen wartete, daß sein Schicksal zu ihm komme, und wie er es begrüßte, da es kam: „Jetzt geht es in den Tod, da muß man den Kopf hoch halten!" Gedenket der Tapferen und werdet tapfer vor dem Gelächter, der Feigheit und der Roheit einer zu Ende sausenden Welt. Beißet die Zähne aufeinander, spannet den Hals fest an und denket, daß auch ihr Gesandte des Geistes seid; daß die Ordnung und das Heil zwischen den Menschen auch eure Aufgabe, das Volk der Juden aber euer Acker ist, der euch Frucht bringe und euch nicht zu Schanden mache, damit die Welt wieder glaube: „Das Heil kommt von den Juden." Volk, du seltsames und herrliches Volk, zerrüttet wie Regen und quellend von Keimen wie Märzenland — wes Herz geht nicht auf vor Liebe, wenn er dich sieht, und entbrennt nicht vor Zorn über dein Wesen in der Zerstreuung?

Dich sehen, schauen, dich in sich trinken, du unsterbliches Leben, du Geist vom Geiste, herb, unfeierlich, heiter und jeder Erschütterung fähig, jeder Umkehr fähig, jeder Läuterung aufgetan! Wer bist du denn, daß deine Kinder nach soviel Jahrhunderten noch spielende und tollende Kinder sind, rein, zutraulich, ohne Vorwitz, mit drolliger Weisheit begabt und anmutig und schamhaft — Kinder, denen das Geistige zugeordnet ist und die das Kindliche nicht verleugnen, Kinder, die des Lebens Last und Jammer nicht erschlägt und die an der Leiche des Vaters, erschossen von Legionären, an der Leiche der Mutter schweigsam werden und hart — aber am Leben nicht irrewerden und nicht schlechthin Rächer und Gewalttäter und Selbstvernichter! In Gesichtern dieser Kinder steht die Antwort auf jene Frage, die unter allen Worten mitgegangen ist bis an diesen Ausgang: ist das Volk der Juden ein Greis? und ein harter oder weiser Greis sein Sinnbild? Nein und nein! Wenn das ewig verjüngte Wesen Greisenart, wenn der unermüdliche Anfang, der stete Wille zur Aufgabe, die heilige Treue am Wesen mitten in der Abkehr, wenn fruchtbarer Zwiespalt und stets neugeborene Erschütterung, wenn Wille zur Tat und die ewig leuchtende, irdisch erfüllbare Hoffnung auf das verwirklichte reine Menschenbeisammensein Greisenart, wenn das Bewegen und Bewegtsein zum Ziel des Menschen auf der Erde jemals Greisenart wäre! O Volk, dir ward in der Brust ein junges Herz, ewig stehst du in neuer williger Hoffnung vor der erfüllbaren Zeit, o Volk, immer noch glaubst du an den Menschen und den Geist und das Leben? Ein Kind ist dein Sinnbild, ein Knabe mit weich gebildeter Nase, mit einem lieben Munde und großen schuldlosen Augen. Jizchak, der vertrauend und sanft zum Opfergang schritt und auf dem Holzstoße schrie, Jaakob, der seinem Bruder vorgezogen ward und ins Elend flüchtend auf seinen

172

Gott stieß, Joseph, der seine Träume träumte und seine Brüder dem Vater angab und im schönen Farbenkleide zu ihnen trat, Benjamin, der gen Ägypten fahren mußte und David, der den Goliath antrat: Knaben, immer Knaben! Noch heute finden wir dir keine anderen Zeugen. Weil du selbst ein Knabe bist, Jisrael, ein ganz junges Volk, in der Irre wie Jugend und nach dem rechten Wege trachtend wie abermals Jugend, daß dir eine Stimme zurufe: „Kehre heim, Jisrael, zum Vater, denn du sollst getröstet werden!"

Ein Knabe ist Jisrael auf der Erde, gezüchtigt, verwirrt, trotzig und zur Heimkehr bereit, wenn ihm einer nur mit dem rechten gütigen Wort begegnet, seine Scham zu schonen. Höre, die Zeit beginnt das Wort zu sprechen. Es taucht in ihr auf, unbegreiflich ihr selber, der fremden und endend-beginnenden, die dich mißtrauisch wie eine fremde Frau am Straßenrande sitzen sieht, dich Knaben Jisrael, mit einer russischen Soldatenmütze auf dem Haupte, schief, weil sie dir fremd und zu weit ist. Sie sieht dich und will dich anfahren und schilt auf dich ein. Aber schon fühlt sie im Herzen die unbegreifliche Regung aufsteigen, weil sie dir ins Auge sah, die bösen Worte wollen stocken und sich wie jenem moabitischen Zauberer in Güte und Trost und heißes Erbarmen verkehren: wie schön sind deine Zelte, Jaakob, deine Hütten Jisrael!

O, dann wird dein Herz aufbrechen, Jisrael, und du wirst Frühregen weinen auf die Erde.

Wer deine Augen sah, der muß dich trösten. Sie rufen das Gute in dem Menschen auf, es zu spiegeln. Schwarz, gerundet und leise schimmernd halten sie sich voll aufgeschlagen der Zeit entgegen, allen Zeiten. Und sie erblicken alles Elend an diesem Volke, Schande und Häuserbrand und das Blut der Toten, aber sie spiegeln es nicht, denn sie weinen darüber.

Denn wie der Spiegel Salomonis sind sie nur bereit, das abzubilden, was eines Wesens ist mit ihnen, die gut sind.

Knabe Jude, vor deinen Augen sollen sich die Söhne der Erde verantworten und sie werden sich schamrot abwenden.

Knabe Jude, deine Augen ziehen uns zur Rechenschaft, und wenn wir sie ablegen: fast nichts ist in unseren Händen für uns Zeugnis. Du aber bist unser Richter.

Du bist ewig Abel, der erschlagen ward und zu Gericht sitzt, ein milder Fürsprecher unseren Taten und den Taten der Menschen. Ihr wißt nicht, wie verhetzt ihr seid, sagte Gustav Landauer zu seinen Mördern. Immer und immer wieder spricht Abel: Sie wissen nicht, was sie tun; und vergibt ihnen.

Abel, Knabe Jude, ewiger Anfang, neuer Frühling: aus den Brunnen deiner Augen wird man eines Morgens den Wein des Lebens schöpfen. In den salomonischen Spiegeln deiner Augen wird das Antlitz des Messias sich abbilden, welcher der Erde und den Menschen gewiß versprochen ist, den Frieden zu bringen und die Güte des Menschen zu offenbaren.

Wir werden ihn nicht sehen.

Dann wirst du Freund aller Erdgeburt heißen. Dann, Knabe, gedenke unserer freundlich.